公務員の

広報の教科書

佐久間智之

学陽書房

はじめに

・決裁取ってから原稿出してるから一字一句変えるな、と言われる
・外注したら余白に頼んでいないイラストを入れてくる
・お店を取り上げたいけど公平性が保てないから載せられない
・カメラに触ったこともないし、取材の仕方が分からない
・プレスリリースの書き方がイマイチ分からない
・特集記事の作り方が分からない
・デザイン・レイアウトや配色のルールが分からない
・仕様書の作り方が分からない
・属人化になりがちでスケジュールや業務の管理が難しい

　私は数年前、約20年近く勤めた埼玉県三芳町を退職したのですが、当時広報担当として学んだことを還元すべく、全国の自治体で広報研修を行っています。そこでよく聞かれる質問を思いつく限り列挙してみました。私も最初は、一眼レフなんて触ったこともない、文章を書くのは苦手、「AdobeのIndesign？　Wordの方が作りやすいじゃん」「プレスリリースってなんですか？」というレベルからスタートしました。

　それから、「広報で住民の命を守りたい」「広報でまちを知って好きになってほしい」「手に取って読んでもらいたい」という気持ちで業務を行ってきました。異動した初年度は外注だった広報紙を、翌年から完全内製化し、数年後に自治体広報の日本一となる内閣総理大臣賞を受賞しました。しかし、そこに至るまで、しくじりの連続で何度も心が折れそうになりました。

　また、広報担当の業務は多岐にわたります。広報紙づくりだけでなく、記者対応やプレスリリース、SNS、ホームページ、シティプロモーション、中にはふるさと納税も広報担当が兼務している自治体もあります。以前と比べて、業務量は格段に増えているにもかかわらず、小さな自治体では広報担当がひとり、というケースも少なくありません。さらに属

人化しやすいこともあり、思い切って広報紙のデザインや広報のやり方を変えることに、二の足を踏まざるを得ないなどの悩みも、よく耳にします。

　私は、広報やデザインの力で日本を元気にしたい、広報で悩んでいる行政・自治体、そして広報業務に悩んでいる公務員の力になりたいと思っています。そこで、本書は研修代わりになるようにと、これまでの広報担当としての経験やノウハウをギュッとまとめました。

　広報紙のデザインや技術的な部分だけでなく、内部の調整や住民への対応、公平性の担保、全世代に読んでもらう広報紙の考え方など、事務業務から根回し、広報の考え方などのポイントも書いています。これらは机上の空論ではなく、実際に行ってきたことなので、読者の皆さんの日々の業務と照らし合わせてもイメージしやすいと思います。

　また、「管理職」が広報や情報発信について理解することが重要だと思います。いくら現場の広報担当が頑張っても、個人的な感情などで「文字を削るな」と言ったり、「載せないと一般質問のときに何か言われるから、とりあえず広報に載せる」と言ったり、広報を免罪符にしたりしている人がいると、モチベーションが下がり前進しません。本書はぜひ初心者だけでなく、管理職の皆さんにも読んでいただきたいと思い、そうした内容も盛り込んでいます。良い広報は、管理職の理解あってこそです。

全職員が広報担当──。

広報が変われば住民が変わる。
住民が変わればまちが変わる。
まちが変われば日本が変わる。

令和4年8月吉日　佐久間　智之

1章 | 「まちの代弁者」として働く！
広報担当者になったら

4章
全広報物に使える！
読みやすさの基本ルール

5章 | 少ない文字数で伝わる！
お知らせ欄・
見出し＆キャッチの作り方

6章 広報紙の良し悪しが決まる！
....
取材の仕方・特集記事の作り方

9章 | デジタルとウェブを活用！
ホームページ・SNS・
動画・広聴のポイント

1章

「まちの代弁者」として働く！

広報担当者になったら

自治体広報で 住民に伝わる&行動が変わる

自治体広報とは？

　広報とは、英語で「Public Relations」といいます。Publicは「公衆・公共」、Relationは「関係・関連」。つまり、自治体広報とは、住民・地域・メディア・職員など**あらゆる公衆との関係性を良くすること**です。ただ「情報を流す」だけでは広報ではないのです。

　自治体が、広報紙やホームページ、SNSなどのメディアを活用して**広く報じることは、住民や地域などとの良質な関係を保つための「手段」**であり、「目的」ではないのです。

脱アリバイ広報！ 広報の目的とは

　ですから広報の目的は、「相手との関係性を良くする」ことで、一方的に情報を届けることではありません。つまり、情報が届いたあとまで考えて初めて広報と言えます。

　相手に「伝わる」ために、広報紙の見た目を変えたり様々な工夫をしたりすることは「手段」で、それをきっかけに相手があらゆる情報を知り、行動変容をして、初めて広報の「目的」が達成されるのです。

　逆に情報を一方的に流すだけで、**相手に見向きもされていなければそれは広報とは呼ばず、やることが目的化した「アリバイ広報」**になってしまいます。

◎ 自治体広報の相関図

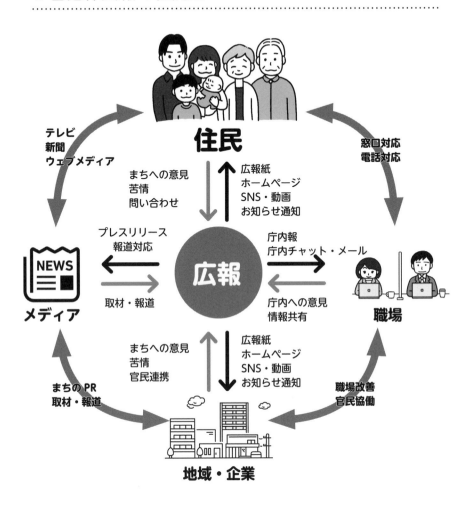

テレビ
新聞
ウェブメディア

住民

まちへの意見
苦情
問い合わせ

広報紙
ホームページ
SNS・動画
お知らせ通知

窓口対応
電話対応

プレスリリース
報道対応

広報

庁内報
庁内チャット・メール

取材・報道

庁内への意見
情報共有

メディア

職場

NEWS

まちへの意見
苦情
官民連携

広報紙
ホームページ
SNS・動画
お知らせ通知

まちのPR
取材・報道

職場改善
官民協働

地域・企業

POINT

広報と「広聴」は表裏一体です。上記の図のように広報すれば良くも悪くも様々な反応があり、悪いものは改善していくことでより質の高い広報になります。しっかり情報を届けて理解してもらい、苦情を減らすことも自治体広報と言えます。

02

広報担当の仕事リスト

■ 庁内では自治体と住民の調整役

　課の業務として「出勤簿の取りまとめ」「消耗品の購入」「伝票作成」「インクのトナーの入れ替え」など庶務的なものは、経歴の短い職員が行わなければなりません。

　一方で、**各課の広報や情報発信を取りまとめて調整し、アリバイ広報にならないように編集して、住民や記者に情報を届ける**のが、広報担当の主な仕事です。「まちの代弁者」として、**庁内の動きを常に把握し、今何が起こっているのかを知り、伝わる情報に編集・発信する**ことが、特に広報担当の重要な仕事になります。

■ 庁外では「広聴」と「記者対応」

　住民の声を拾う「広聴」の仕事も重要な広報の仕事です。各課から寄せられる住民の苦情や意見を汲み取り、広報につなげることが質の高い情報発信のために重要です。

　そのために、**アンケートをするだけではなく、取材先で直接、まちへの声や自治体への意見を聞く**ことも、広報の仕事です。

　また、プレスリリースを投げ、食いついてくれたメディアや記者の対応することも広報の仕事です。何がリリースされたのか、どれがメディアに取り上げられたのか把握することも広報担当の業務となります。

◎広報担当の仕事リスト

▌庁内

- ・各課の情報発信 (SNSなど) の取りまとめ
- ・各メディアのチェックとクリッピング (情報収集)
- ・庁内のイベントの把握と実施時の取材の調整
- ・首長へのお手紙・メールなどの取りまとめと振り分け
- ・プレスリリースの調整
- ・ホームページのCMSの管理・承認

▌住民・記者など庁外

- ・住民や地域イベントのアポ・取材・撮影
- ・取材協力者へのアフターフォロー
- ・住民の声を取材時に聞く (住民ニーズ＆広聴)
- ・記者クラブへの投げ込み、来庁した記者への対応
- ・使用する写真や動画などの著作権・肖像権の確認
- ・プレスリリース

POINT

円滑に広報業務を行うために、庁内も庁外も、アフターフォローが必要です。内部の協力によって情報を届けられること、住民の協力でまちが、広報が成り立っていることに感謝をして、協力してくださった皆さんには必ず「感謝」の気持ちを伝えましょう。

1年間どう動く？

広報担当の年間スケジュール

広報紙作成から時には営業活動も

昔ながらの自治体の広報担当というと、広報紙を作るだけのイメージがありますが、最近では動画の作成・配信、LINEやTwitterなどのSNSの管理や運営、プレスリリースの発行、メディア対応など、庁外向けの広報は多岐にわたります。また、年度が変わるとき印刷業者を変更する入札の準備や、見積徴収などの事務処理、さらに広報紙面に掲載する広告や、ウェブサイトのトップページのバナー広告収入のための営業活動もしなければなりません。

業務が年々増えている

広報担当の業務はここ数年で劇的に増加しています。例えばSNSひとつとっても、LINE・Twitter・Instagram・Facebook・TikTok・YouTubeなど多くの種類があるため、それぞれ対応しなければなりません。動画の撮影、編集、配信なども行えば、なおさらです。

したがって、**俯瞰で年間スケジュールを考え、今の体制で年間の業務を円滑に行えるか、一度確認することをおすすめ**します。あれもこれもと人数が少ないのに手広くやってしまうと、全体の広報の質が下がってしまったり、属人化したりしやすいので、まずは体制を整えましょう。

◎広報担当の主な年間スケジュール

	4月	5月	6月	7月	8月	9月	10月	11月	12月	1月	2月	3月
広報	広報紙面づくり（企画・取材・編集・撮影） →											
	ウェブサイト・SNS・動画などのメディア発信 →											
	プレスリリース・記者対応・各課との調整 →											
事務処理	契約入札								予算準備	契約入札準備		
	広報紙・ウェブサイトの広告営業 →											
他	くらしの便利帳 →											
	シティプロモーション・イベント等 →											
議会			●			●			●			●

今日はどう働く？

広報担当の 1日スケジュール×3パターン

取材に出るとき、出ないとき

広報担当は取材に出るため、自席にいないことが多いのが特徴です。そのため、**雑務や庶務がどれだけ残っているのかを、常に気にする必要**があります。また、取材のあとに紙面を作らなければならず、その時間も確保しなければなりません。

さらに課内の校正、全庁的な校正、記者対応など幅広い業務をこなさなければならないので、**1日のスケジュールを把握する癖**をつけておきましょう。

何もない日は年休を取るか情報収集の時間に

広報紙を校了したあとなど、何もない日がある場合は、必ず年次休暇を取得して、心と身体を休めるようにします。広報担当は仕事漬けになりがちで、肉体的にも精神的にもきついものです。また、できれば休む日を予め決めておき、それに合わせてスケジュールを組みましょう。

一方、年休を取らない場合の余裕がある日は、庁内を歩き回り、情報収集の時間に充てます。例えばスポーツ推進課に行って、今注目の選手はいないか、生涯学習や芸術文化の担当課で、注目の住民がいないかなどを聞いて回ります。自席では、SNSでまちをエゴサーチしておくのも有効です。

◎ 広報担当の1日のスケジュール

取材あり

- ・取材前にこれから向かうことを連絡
- ・自席にいないことを内部で共有
- ・何時ごろ終わるかを報告
- ・戻ってきたら写真の取り込み・取材内容をまとめる

取材なし

- ・庁内を回ってネタ探し
- ・ホームページやSNSなどの更新
- ・雑務や庶務
- ・広報紙の編集・校正など

午後から取材の場合（例）

8：30	メディアクリッピング＆エゴサーチ	13：30 取材（インタビュー・撮影）
9：00	雑務や庶務・広報紙の校正	15：30 自席に戻り、写真を取り込み
10：30	広報紙の編集	15：45 広報紙の編集
11：30	取材先に連絡	16：30 メールの処理など庶務業務
12：00	昼食	17：15 終業

POINT

取材を入れすぎると、編集する時間がなくなります。年間のスケジュールから日々のスケジュールまで考えて、今の組織体制で回していけるのか、本当に今の人員でこの内容で広報業務ができるのかを、必ず内部で検討しましょう。

３つのメディアを使い分けよう！

住民に届く「チャンネル」を増やす

３つのメディアで考える

メディアは直訳すると「手段・媒体」です。広報のためには、情報を伝えるための手段＝メディアが必要で、大きく３種類に分けられます。

１つは**オウンドメディア**。広報紙や自治会の回覧板など、自庁で準備できるメディアです。２つ目は**アーンドメディア**。TwitterやLINEなど無償で活用できるもの、テレビや新聞、雑誌に取り上げられることも含みます。３つ目は**ペイドメディア**。テレビ、新聞、雑誌などに広告を載せるなど、情報の発信者が費用を払って情報を伝えるメディアです。

「チャンネル」を増やすべし

多様なメディアが溢れるこの時代、発信者側の都合で発信するメディアを絞るのではなく、受け手が、受け取るメディアを自由に選択できる必要があります。例えば、テレビのチャンネルが複数あれば誰しも自分が好むチャンネルを観られるように、高齢者は広報紙が良く、若年層はSNSが良いといった選択の違いが出てくるわけです。逆に言うと、例えば「広報紙」チャンネルしか用意しなければ、「SNS」チャンネルを利用する層は情報を受け取れないことになります。

つまり、「**メディアを増やす＝チャンネルを増やす**」ことで、**選択肢を増やし、多様で幅広い層に情報を届けられる**のです。

◎ 3つのメディアを理解して分析をする

・広報紙
・自庁のウェブサイト
・防災無線
・まちなかの掲示板
・自治会の回覧板

オウンドメディア

　自庁で発信できるメディアのことです。ウェブサイトはアナリティクス（分析）をして改善します。

・Twitter
・YouTube
・LINE
・新聞などのマスメディア

アーンドメディア

　無償のメディアのことです。テレビなどもこの部類です。細かな分析を行うことで情報の質を高めることができます。

・SNS広告
・交通広告（駅等への掲示）
・PR TIMES
・多言語電子書籍（カタログポケット）
・シネアド

ペイドメディア

　有償のメディアのことです。費用はかかりますが、情報を広げることができるので、受け手のチャンネルが増えます。

POINT

メディアを活用して広報したあとは、必ず分析します。ほとんどのメディアは、アンケートなどせずに統計から動向を分析できるので、広義の「広聴」といえます。広報の質を高めるためには、広聴を意識することが重要です。

著作権と肖像権

新聞をコピーして回覧は著作権侵害

　著作権とは、作品を創造した人が有する権利のことです。例えば、新聞紙面を広報紙に転載した場合、著作権侵害にあたります。新聞紙面は新聞社の著作物にあたるからです。そのため、新聞紙面をコピーして回覧したり、写メを撮って庁内イントラで誰もが見られるようにしたりするのは、著作権侵害になります。気を付けましょう。

　また、住民が撮影した写真を広報紙に載せるとき、写真の著作権は撮影者の住民にあります。**広報紙以外で使用する場合は、再度許可を得るか、まちがPRや広報で使用するときには流用することができるなど、明記した同意書を用意する**などしておきましょう。

イベント時に撮影した写真は肖像権に注意

　肖像権とは、人物を無断で撮影したり公開されたりしないように保護する権利です。不特定多数が集まるイベントなどでの取り扱いで注意するのは、撮影時に**腕章をつけて「撮影しています」と分かるようにしておく**ことです。また、イベント告知時に「本イベントでは腕章を付けたまちの広報担当が写真と動画を撮影しています」と**アナウンスしたり、個人が特定できる場合は顔にボカシを入れたりする**などの対応をしなければ、肖像権侵害になる可能性があるので、注意しましょう。

◎ 個人が特定できるときは必ず許諾を得る

▌（例）小学校で給食の様子を撮影し広報紙、SNSに掲載

　未成年者の写真を使うときは保護者の同意が必要です。学校と調整して、保護者から同意書をもらいます。また、広報紙だけでなくSNSなどウェブメディアで使う場合は、世界中の人の目に触れることとなるので特に注意しましょう。

掲載までの流れ

❶学校に撮影の趣旨や目的を説明

❷校長会で承諾を得る

❸学校に協力してもらい取材するクラスの保護者全員に「同意書」
　を書いてもらう

❹NGの子を事前に確認し、写らないようにする

❺掲載する写真を先生に確認してもらう

POINT

広報紙をPDFにしてホームページで公開したり、SNSで紹介したりする場合には、広報紙以外でも使用する旨を必ず伝え、同意を得るようにしましょう。同意書のフォーマットを作っておくと便利なので、用意しておきましょう。

広報担当はまちの代弁者

広報担当はまちの代弁者＝広聴が重要

　まちのことを聞かれたときや、庁内の出来事や各課の役割などを聞かれたとき、すぐに答えられなければ広報担当とはいえません。

　例えば、記者から観光について聞かれたとき、「いや、自分は担当課でないので、観光課で聞いてください」と言うのは、広報担当失格です。例えば、おすすめの祭りや、時期の近いイベントを紹介しつつ、より詳細にとなったら、担当課に繋ぐとよいでしょう。地域のこと、庁内のことを知り尽くしてこそ「広報担当」。広聴あっての広報だから「広聴広報」といわれます。広報担当者は、まちの代弁者なのです。

納付書もお知らせ通知も広報のひとつ

　各課で作る納税通知書に同封するお知らせや、ワクチン接種の案内の通知書、イベント告知のチラシなども広報物です。ウェブサイトに情報を載せることも、オウンドメディア (p20) を使った広報といえます。

　つまり、広報課だけが広報をするのではなく、全職員が広報の仕事をしているのです。住民からすれば、情報元が税務課、健康増進課、福祉課、総務課などは気にしません。全て「まちからの情報」で、どこから来たのか気にされません。全庁的な広報力向上も「広報担当」の仕事なのです。

◎住民にとっては行政・自治体で一括りの情報

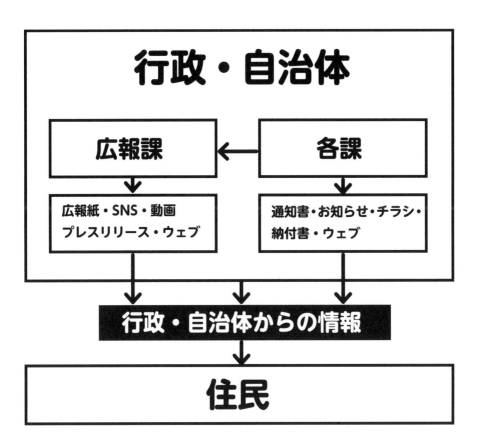

POINT

住民にとってはどの課から来る情報なのかは関係なく、単純にお役所から来る情報としか思いません。全庁的な広報力向上のためには、全職員が広報担当の意識を持ちましょう。

広報の目的は「伝わる」こと

情報を載せる・配信することは広報でない

　広報紙やホームページに掲載することが目的化している、「アリバイ広報」が後を絶ちません。「載せないとクレームが来たときに説明できないから」「議員に一般質問で突っ込まれるのが怖いから」という理由で情報を精査・集約せず広報するのは**自治体側の都合でしかなく、住民目線の広報ではありません。**

　誰のために、何のために情報を載せているのかを考え、どのようにしたら住民が情報にたどり着けるかを設計（デザイン）することが、広報の役割です。

広報の目的は「伝わる」こと

　情報が相手に届いて初めて「広報」と言えます。**「ここに情報が載っているから、確認していない方が悪い」というのは、一方的にこちらの都合を伝えているだけ**です。

　相手がどんな情報を知りたいのか、どうやったら理解してもらえるのかを考え、見せ方や表現を工夫して情報を相手に届けることが、あるべき広報の目的なのです。

　相手から問い合わせがきたり疑問を持たれたりする前に、課題を認識してわかりやすく相手に伝われば、アリバイ広報は不要なはずです。

◎ 伝えると伝わるの違い

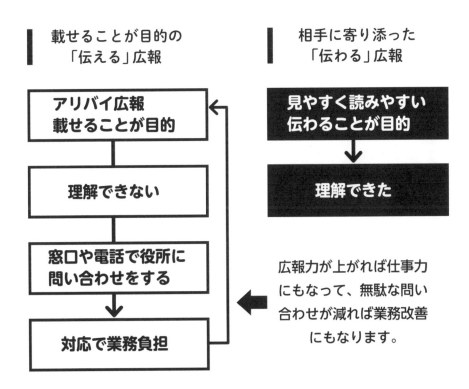

載せることが目的の
「伝える」広報

アリバイ広報 載せることが目的

↓

理解できない

↓

窓口や電話で役所に 問い合わせをする

↓

対応で業務負担

相手に寄り添った
「伝わる」広報

見やすく読みやすい 伝わることが目的

↓

理解できた

広報力が上がれば仕事力にもなって、無駄な問い合わせが減れば業務改善にもなります。

POINT

しっかりと相手に情報が「伝わる」ことができれば、問い合わせ・クレーム処理がなくなり業務改善になるだけではなく、住民にとっても無駄な問い合わせをすることがなくなるので、住民サービス向上にも繋がります。

広報はラブレターと同じ

「住民」が主役の広報を

紙面に住民が載っていない広報紙

住民に愛されている、手に取って見たいと思う自治体広報紙はいくつもあります。こうした、全国的にも評価の高い自治体広報紙と、そうでないものの決定的な差は、**「住民が主役」**であるかないかです。

面白みのない広報紙の特徴は、一方的に行政情報だけを載せていて、広報紙を発行することが目的化している、首長が紙面にたくさん載っているといった、「行政はこんなことやってます」という一方通行感が強いのが特徴です。

「住民が主役」の広報とは

私は、「住民が主役の広報」を矜持として広報紙を作ってきました。そのためには紙面に住民に登場してもらい、行政だけでなく住民と一緒になって広報紙を作っていくことを大切にしています。

広報紙は、手に取って読んでもらわなければ、存在しないものといっても過言ではありません。だから地域の話題を取り上げ、住民の声を聞き、そのまちならではのオンリーワンの情報を載せ、読む価値や意味のある情報を、住民に伝わるように工夫して広報するのです。手に取って読むのは、首長や職員ではなく「住民」なのです。住民が「蚊帳の外」にならない広報作りを心掛けましょう。

◎ 広報はラブレターと同じ

ラブレターを届けたい

①渡さなければ想いは伝わらない

②どうやったら手に取ってもらえるか考える

③手に取ってもらって読んでもらわなければ意味がない

④読んで想いが伝わらなければ意味がない

⑤想いが伝われば恋に発展する

広報紙を見て読んでもらいたい

①まずは手に取って見て読んでもらうための工夫をする

②どうやったら手に取ってもらえるか考える

③手に取ってもらって読んでもらわなければ意味がない

④読んで内容を理解してもらわなければ意味がない

⑤理解してもらえれば業務改善・住民サービス向上に繋がる

| POINT |

例えばテレビから、自分の住んでいる自治体名が聞こえてきたら「何だろう」と関心を持つように、地元の話題や身近な人が広報紙に登場したら、住民は必ず関心を示してくれます。

しくじり広報先生 ❶

記者さんに叱責された件

　広報担当になると、地元の記者さんたちと繋がりを持つようになります。それまで税務課や介護課にいたので、記者さんたちと話す機会などはありませんでした。そのため、「とにかく誤ったことを言ってはいけない」という気持ちが、異動直後は先行していました。

　ある日、とあるメディアの記者さんが、「まちの〇〇の事業について教えてください」と広報課に来られたことがありました。

　私は、「それは〇〇課でないとわからないので、そちらに直接聞いてください」と何の迷いもなく返答したのですが、ここがしくじりポイント。先の記者さんから、思いがけない言葉をいただきました。

　「まちの広報担当者は、庁内もまちのことも熟知して、概要を話してから具体的なことは担当課につなぐのが仕事。だからいきなり担当課に聞けというのは、業務を放棄しているに等しい」と叱責されたのです。

　「確かにそうだ。なんて無知だったんだろう」と猛省した私は以後、全庁の動きや、どんな業務を各課が行っているのか、キーとなる住民や活動などを調べたり取材したりして、理解を深めていくようになったのです。

　数年後には、「三芳町のことは佐久間に聞けば何でもわかる」と、記者さんや住民の皆さんに言われるくらい、広報担当として信頼を得られるように変わりました。

　私の広報のターニングポイントの一つであるこのしくじりがあったから、広報担当は全てのことを知っておかなければならない責任が大きな部署なのだと痛感しました。言われたことをただこなすだけの広報担当から脱却した瞬間でした。

2章

グッと楽になる仕事術！

広報事務業務のコツ

朝のルーティン

「エゴサ」と「クリッピング」をしよう

ウェブでエゴサーチをする

出勤したら、まず**自分のまちがウェブニュースになっていないか確認**します。プレスリリースを出したもの以外でも、地元の人が取り上げられたり、地域が知らずにテレビ放送されていたりすることもあります。

また、Yahoo!のリアルタイム検索に自治体名を入れて、どんな情報がツイートされているかなど「エゴサーチ」をし、自治体を取りまく状況の把握に努めます。エゴサーチから、特定の部署への批判が分かることもあるので、毎朝のルーティンにして確認を怠らないようにしましょう。

新聞は特に地域版をくまなく確認

ウェブニュースなどにならないものでも、**新聞の地域版に地元の話題が大きく載っていること**があります。広報担当に、「今日の新聞でこんなことが載っていたんだけど」と地元民から問い合わせがきたり、議員が近隣自治体との比較対象の資料として活用したりすることがあるので、新聞の地域版はくまなく確認しましょう。

新聞記事を切りとり、実物を回覧することは複製行為でないので大丈夫ですが、p22で紹介したように**コピーをして回覧するのは著作権侵害**になるので注意しましょう。

◎ エゴサーチする方法（PCブラウザ）

Yahoo!JAPANを活用

検索バーの上にある「リアルタイム」を選択し、検索バーに自治体名を入れて検索すると自治体名を含んだ最新情報が分かります。

ウェブ　画像　動画　知恵袋　地図　**リアルタイム**　一覧

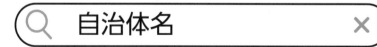

Googleを活用

検索バーの下にある「ニュース」を選択すると、検索した自治体に関連するニュースの一覧が表示されます。

$\boxed{\quad Q \qquad 自治体名 \qquad\qquad ×\quad}$

すべて　地図　**ニュース**　画像　ショッピング　もっと見る

> **POINT**
>
> 情報の漏れがないように、職員間の情報共有も行いましょう。例えば「朝、テレビでこんな話題があったよ」など細かな情報でも広報担当に情報が入るように、庁内のイントラメールで報告するなど、微々たる情報でも報告するガイドラインや仕組みがあると便利です。

業務の進み方が変わる！

仲良くしたい部署を押さえておく

地域・自治・観光産業・教育・生涯・歴民

　広報課に配属されたばかりでは、住民との直接的な接点がなかったり、地域やまちのことについて分からなかったりすることばかりです。そこで大きな力になるのが、**住民と関わりのある部署**です。

　歴史民俗資料館などにはまちの歴史を詳しく知る学芸員の職員がいます。地域や自治安心課は「自治会」、観光産業は「商工会、観光協会」、教育総務や生涯学習は「学校、公民館」など、それぞれ地域を支える住民の集まり・場所と深い関わりがあるので、普段から仲良くしておきましょう。

財政・税務・子育て・保健センター

　定期的に広報する内容が決まっているものがあります。例えば、1月は確定申告（税務課）、毎月の乳幼児健診（保健センター課）、子育て支援センター（子ども支援課）、児童館事業（教育総務課）、予算・決算報告（財務課）などが該当し、それぞれの課と連携をしておくことが重要です。

　毎年・毎月決まっているものは、ある程度のフォーマットを作ることができるので、日時を入れるだけで済んだり、業務を効率化したりできます。フォーマットを作るためには、関係部署との調整が必要なので、相手の意向を踏まえつつデザインしましょう。

◎広報課は全ての情報を把握することも仕事

　直接広報課に情報が来ない場合も、住民と繋がりのある部署から情報を得ることができます。

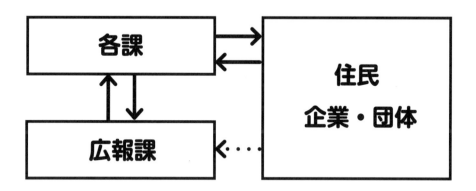

　広報課が直接住民や企業・団体にアプローチをすると、「なんでうちの課を通さないで直接話をするんだ」と言う課や職員が少なからずいます。関連する課に「こんなことを考えているので〇〇さんをご紹介していただけませんか」という形で聞いて顔を立てるのも、波風を立てない広報担当のテクニックです。

POINT

広報課の仕事で重要なのは、「根回し」「担当課と上手に付き合うこと」と言っても過言ではありません。横のつながりが上手くいっていると自然といろんな情報が広報課に入ってきますので、各課の協力で業務ができていることを忘れないようにしましょう。

ページ単価契約にしない

広報紙の契約と
仕様書作りのポイント

年度末に近づくと予算とにらめっこ

　広報紙の契約方法には、**1ページいくらかを決める「ページ単価契約」**、**1年間12回発行でいくらかを決める「年間契約」**の2つがあります。

　ページ単価契約の場合、年度末になると残り予算であと何ページ使えるかの調整が逐一必要になり、急なページ増に対応できなかったり、毎年年度末に計算したりするのが面倒で、職員の労力という面でコストがかかります。私も広報課配属の初年度はページ単価でしたが、翌年、事務負担軽減のために年間契約に変えました。

長期契約だと入札の準備も軽減

　年間契約では、仕様書に前年の実績を書いて、入札し、業者の参考にしてもらいます。例えば32ページ8回、24ページ4回などです。冊子は基本的にポイントは4の倍数でないと「1枚余分（ぺら）」が出てしまい高くなるので、4の倍数のページで発行することを仕様書に入れ、コストを抑えることがポイントです。

　また、印刷以外のすべての工程を自庁でまかなう内製化であれば、どの印刷業者でも印刷さえしてもらえばよく、**3〜5年の印刷のみの長期契約でコストも抑えられます。**その年の分は入札の準備などの業務もしなくてよいといった、**労力のコストカット**というメリットもあります。

◎仕様書に入れておきたいポイント（例）

1	発行回数	**長期契約の場合：36回（3年）** …発行号も書き添え、令和4年4月〜令和7年3月号としておくと、後で仕様書や契約時期、準備期間を考えるときに便利です。
2	ページ数	**毎月20〜32ページ程度　4ページ単位で必要に応じてページの増減がある** **令和〇年実績　24P×2回、28P×4回、32P×8回** …4の倍数や「程度」など曖昧な表現にあえてして、イレギュラーなページ数の増減もこちらの都合で変えて対応できるようにします。直近の年の実績も表記するとよいでしょう。
3	印刷部数	**毎月〇万〇千部**
4	入稿／ 校正回数	**別紙で工程表を毎月提示**する／**校正は2回**（色校正含む）
5	納期／ 納品場所	**毎月校了日から必ず〇営業日以内に広報課に〇〇部、配布者（シルバー人材センターや自治会の班長）へ担当区ごとに仕分けをして納品する**
6	規格	**サイズ：A4判** **紙質：44.5K** **色：基本4色（白黒〇ページ、2色〇ページ）**
7	その他 入れておく 事項	・**UDフォントを使用**…障害者差別解消法やユニバーサルデザイン、SDGsの観点からも必須です。 ・**案内図・地図・広告・写真の切り抜きなどの画像加工やイラスト作成などの依頼があった場合は請負者が作成する** …内製化であっても忙しいときに業者に仕事を振れる ・**品質・環境等に配慮している、大豆油インキを包含した植物油インキを使用している、地球温暖化防止に向けた取り組み、カーボンニュートラルに取り組んでいる** …SDGs対策として、明記する

POINT

年度またぎの関係上4月1日付けで契約ができない場合があります。そのときは2か月は特定一社随契にするなどの対策をする必要があります。長期契約だと適当な業者になると単年で変更できないので、業者をある程度絞る指名競争入札にするのがおすすめです。

業務を楽にする

広告収入の契約のポイント

広報紙は年間契約にする

広報紙に掲載する広告数が毎月変わると、紙面を作るとき逐一レイアウトを見直さなければならず面倒です。また、広告審査や調定、納付書作成などの手間が毎回増え、事務負担が増大します。そこでおすすめが、広告を**4月～翌3月までの年間契約、または半年契約にする**ことです。

筆者が広報担当をしていたときも実際にそうしたのですが、こうした契約だと、年1回2月ごろに既存の広告主に営業をするだけ、審査も1回、4月に調定1回で済み、納付書も1回発行すればよく、未納もなく歳入との差異もなく、非常に効率的でした。

ウェブサイトの広告は委託して任せる

ウェブサイトのトップページの最下部にバナー広告を入れると、広告主を探し出すのは広報紙と比べてなかなか難しいものです。広報紙は全戸配布している場合が多く、多くの人の目に触れますが、ウェブサイトの最下部にバナー広告を入れてもほとんど効果が見込めないからです。

そこで、広告受注を肩代わりしている業者に頼んで、広告対策をしましょう。すると、営業活動もせずに済み、広告業務を年間契約で委託するので、確実に歳入が見込めます。こうして、**広告業務に注力せずに、広報業務に力を充てることができます**。

◎広報紙に広告を載せるときのコツ

お知らせ欄は文字情報が多い
＝カラーでなくモノクロで OK

広告

広告

　お知らせ情報など、文字が多いページは、カラーにする必要がありません。広告欄は、下段に均等に配置して、広告の色もモノクロに統一します。もしカラー広告にすると、色がバラバラで統一感がなくなり、紙面がうるさくなってしまいます。そしてお知らせ情報が読みにくくなるという、広報として本末転倒になってしまうのです。

POINT

有料広告の１枠あたりの広告費をどのくらいにすればよいのかの相場は、人口規模と発行部数など、自分の自治体と環境が近い自治体を探しましょう。有料広告の要綱は、必ず例規集などに載っているので、参考にして適正な広告費かを判断しましょう。

内製化と外注の
メリット・デメリット

内製化のメリット・デメリット

　広報紙の作成において、印刷以外の取材・撮影・編集・デザインレイアウトなどを職員自ら作る内製化の大きなメリットは、２つあります。**一つ目はコスト削減、二つ目は業務の効率化に繋がること**です。

　一方、デメリットは編集ソフトにAdobeのIndesignが必須でソフトとスペックの高いPCが必須であること、またそれらの編集ソフトの操作や、異動があったときの引継ぎに労力がかかることです。しかし、フォーマットやマニュアルを用意すればそれほど大変ではありません。

外注のメリット・デメリット

　原稿をWordで作り、業者に投げて仕上げる外注方式のメリットは、**職員の異動があっても一定のレベルを保てる、デザインレイアウトを考える必要がない**などが挙げられます。

　一方、外注費がかかるだけではなく、業者によっては自治体だからと足下を見て手を抜いたり、こちらがイメージするものと乖離したものをデザインされ、その校正に時間がかかったりするなどのデメリットも場合によってはあり得ます。また、入札になる場合もあるので、毎回その準備をしなければならない手間もかかります。

◎内製・外注の両方を経験した結果……

■おすすめは「内製化」

①初期投資がかかるが、外注費に比べれば大したことがない。
②意外とすぐに操作になれる。
③各課からの校正にすぐに対応できる。
④ギリギリまで編集ができる。
⑤他の部署に異動しても編集技術を異動先で活かせる。

■予算を大幅に圧縮

　私は外注から内製化したことによって予算を約600万円削減しました。また、広報アドバイザーとして内製化の協力をした北本市でも大幅に予算を削減しました。同じ業者と慣例で契約している場合、予算を圧縮できる余地があります。

> **POINT**
>
> 内製化に必要なAdobe CCは、原則インターネット環境がないとソフトを使用できません。編集専用のPCが必要となるので、情報システム課や財政課と事前にしっかり調整していくことが重要です。

業者の見る目が変わる！

印刷業界の
専門用語を覚えよう

■「ただものではない感」を醸し出す

　長いこと印刷業者が変わらないと、公務員は何も知らないからと、業者の都合に振り回されたり、マウントを取られたり、印刷・製本費を吹っ掛けられたりするケースは、残念ながら聞かれます。

　私も広報に異動した初年度は随意契約の業者委託だったため、実際に上記のようなひどい対応を経験しましたが、その後解消できました。**解消のコツは、「ただものではない」と相手に思わせること**です。

■天地・小口・ノド・ノンブルを会話で出す

　例えば「紙面の下にページを入れてください」ではなく**「地にノンブルを入れてください」**と言ったり、「紙面の両脇が狭いので広げてください」ではなく**「小口が狭いので広げてください」**など専門用語を入れたりして会話をすることで、相手に「この人は無知ではないぞ」とプレッシャーをかけることができます。

　さらに、印刷製本の見積りを出してもらうときにも、専門用語を含めて依頼をします。「小口とノドは15mm以上で組んでいるのですが、対応いただけますか」など、会話に専門用語を散りばめると足下を見られにくくなります。ぜひこうした紙面の用語は押さえておきましょう。

◎覚えておきたい！ 紙面の用語一覧

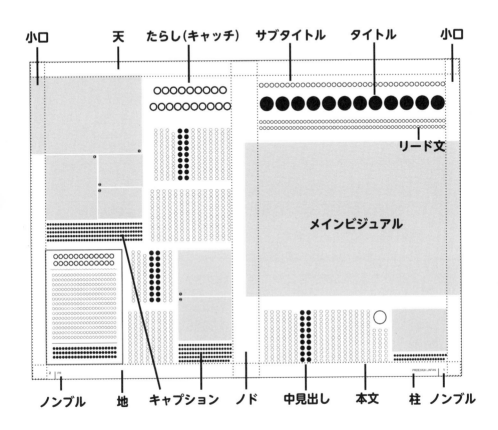

小口 **天** **たらし(キャッチ)** **サブタイトル** **タイトル** **小口**

リード文

メインビジュアル

ノンブル **地** **キャプション** **ノド** **中見出し** **本文** **柱** **ノンブル**

しくじり広報先生 ❷

ローマ字事件

　私が広報担当になって半年後の号で、ひらがなだった広報紙のタイトルロゴを、ローマ字に変えました。若い人たちにも手に取って読んでもらうことが目的でした。住民意識調査で、若年層があまり読んでいなかったことがわかったからです。そこで、5パターンほど表紙のデザインをつくって子育て支援センターなどに持っていき、どれなら手に取るかを聞いて、評判の良かったローマ字のタイトルロゴに変えたのです。

　そして発行した2011年10月号。年配の住民から、何本も電話がかかってきました。「まちは大和魂を捨てたのか！」「欧米かぶれで恥ずかしくないのか！」などなど、貴重なご意見を多数いただく事態になりました。あまりの勢いに「両開きで表はローマ字、裏面はひらがな」という苦肉の策を、2011年12月号で講じることとなりました。

　ここでのしくじりは、「来月号からローマ字に変わります。なぜなら、若年層にも手に取って読んでいただきたいからです」などの理由を事前に載せるべきだったのに、それを怠ってしまったことです。今思えば、突然広報紙のデザインがガラリと変わると、住民もびっくりするのは当たり前だと分かるのですが、当時はそこまで考えが至りませんでした。

　この反省を踏まえ、大リニューアルをした2012年6月号のお知らせ欄には、「今月号から広報紙のデザインが変わります」という内容を掲載しました。「なぜ変えたのかの理由」「内製化でコストは前年度より削減」「読みやすい工夫、UDフォント採用」「住民目線の広報紙の宣言」など、具体的に何がどう変わるのかや、その理由も詳しくまとめました。

　結果、大リニューアル時は否定的な意見はなく、むしろ高評価だったのです。しくじりがあったからこそリニューアルがスムーズに行きました。

3章

庁内で仕事をうまくまわす！

広報仕事の調整術

全庁的広報の
ガイドラインを作る

広報のルールを浸透させる

　広報に非協力的な課や、個人的な感情で広報紙面の文章や内容を否定する職員がいます。こうした状況を改善するには、**全庁的なルールを決めて首長決裁をとり、広報のガイドラインを作る**方法があります。

　「まちとしてのルール」がある以上、全庁的に従う必要があるため、否定をされても「このガイドラインに準じた広報である」と説明ができます。多くの職員は広報は広報担当がするものだという意識が強く、広報への理解が乏しいので、ルールを全庁的に浸透させる必要があります。

要点を絞って分かりやすいガイドラインを

　しかし分厚いガイドラインでは読む気もしません。そこで、**「広報の目的と現状」「広報媒体（メディア）の種類や特性」「なぜ広報が必要なのか」「どんな表現が適切なのか」**など要点を絞ってまとめましょう。

　例えば、広報紙面では「ですます調」で統一し断定にはしない、原稿の締切は毎月1日までなどのルールを共有して浸透させると、広報担当の校正負担が大幅に減ります。首長決裁を取ったガイドラインのため、広報課のみでなく全庁的なルールとして活用できるのがポイントです。

　すぐにできないときは、ぜひ上司に確認を取ってから、業務の合間で少しずつガイドラインを作成してみてください。

◎わかりやすいガイドライン

目次例

第1章　広報の目的と現状

（1）広報の種類と目的

（2）現状と課題

第2章　まちが有する広報媒体の特性

（1）思い切って媒体を絞る

（2）おろそかになりがちな5W1Hを
　　必ず設定

（3）媒体の比較

第3章　職員全員が広報

（1）広報する目的を設定する

（2）ターゲットを絞る

（3）最適なツールで届ける

（4）言い回しやデザインを工夫する

（5）振り返りも大事

**第4章　プロモーションの型の効果を高
めるポイント**

（1）とにかく「見せ方」が大事

（2）世界観を統一する

（3）イベント後こそチャンス

（4）まとめ

◀筆者が広報アドバイザーとして支援した茅ヶ崎市が作成した広報のガイドラインは、シンプルな内容になっている。最低限、全職員が押さえておきたいポイントをまとめている。

POINT

専門用語は使わないなどのルールを作るのと同時に、用語集を作っておくと便利です。記者ガイドブックの新聞用語集などが参考となるので、一読しておきましょう。

広報研修の実施方法

結局最終判断は偉い人

いくら若い職員が一生懸命分かりやすく工夫をして、文章やビジュアルを改善したとしても、最終判断をするのは管理職です。つまり、管理職に広報への理解や知識がなければ、いくら周りが改善をしても意味がありません。

さらに、広報研修などを行っても、管理職はほとんど下に指示するだけで参加しません。そうなると、全庁的な広報力向上からはほど遠くなります。したがって、対象を**「管理職」**と**「その他」**の2つにして研修を**分ける**必要があります。

管理職は広報の意義・その他は実務

とは言っても、管理職も忙しい身です。したがって、40〜50分程度で**「なぜ公務員として、自治体として広報が必要なのか」**や**「なぜ文章は短い方がよいのか」「なぜ文字より見た目が重要なのか」**などを知ってもらいましょう。

一方、実際に手を動かす職員は管理職が学ぶことに加えて、伝わるための広報テクニックや表現方法など実践的なことを学びます。この2層に分けて研修をすることで、最終判断をする偉い人が「正しく」判断することができるのです。

◎ 管理職の広報理解で職員のやる気も変わる

管理職の理解がない **管理職が理解している**

> この内容で
> よろしいでしょうか

> こんなに文字を削ったら議員に突っ込まれる！写真なんていらないから文字を入れろ！やり直し！

> このくらい要点を絞って見た目を重視しないとせっかくの紙面も読まないよね。この原稿でOK。

> せっかく時間をかけて作ったのに……。もうこれ以上頑張っても意味がないよ。

> 時間をかけて工夫をしてよかった。次も頑張って伝わるようにしよう！

POINT

前述の広報のガイドラインを作成したあとには、必ず広報研修を実施しましょう。庁内イントラに掲示しただけでは見られません。研修のなかでガイドラインのことにも触れることが重要です。実際に某自治体では、このパターンで広報力向上に繋がりました。

2か月前から準備する

原課への原稿の
提出期限アナウンス

紙面予約は発行前々月の10日まで

　他課に原稿を依頼するときは、「お知らせ欄1枠分、原稿をちょうだい」のように、口頭でもよいので、**仮の紙面予約は発行月の前々月の10日までにしましょう**。その際、大まかな内容と課名、依頼者、依頼元の連絡先を控えておきます。

　次にその原稿の締切はその10日後までとします。12月号の場合は紙面予約は10月10日、原稿締め切りは10月20日となります。かなり早いので順守されないと思うかもしれませんが、ガイドラインに載せておけば、基本的にみなさん守ってくださいます（経験談）。

原稿が出ていない課は前月の1日に催促

　それでも原稿を出してくれない課はあるので、前月の1日ごろに原稿未提出のところは催促し、いつ提出するのかを確認しましょう。また、**前年の同月号を見て、毎年載っているはずの情報は確認して、掲載依頼が漏れていないか、ここで確認**します。

　ほとんどはすでに事業化されることが決まっているお知らせなので、当初予算議決後であれば、紙面予約はいつでもできると考えてよいでしょう。

◎原稿のスケジュール

例：9月号の広報を作る場合（8月25日校了）

紙面予約 前々月10日まで	**7月10日までに各課に予約**（口頭可）
原稿締切 前々月20日まで	**7月20日までに原稿提出**
原稿催促 前月1日ごろ	前年紙面を見て原稿が来ていないところに確認 原稿未提出のところは催促＆提出見込日を確認
初校 前月10日ごろ	校了日が25日だとするとだいぶ余裕がある ある程度作っておくとのちのち楽

POINT

乳幼児健診など、1年間のスケジュールが決まっている事業などは、年度当初にスケジュール表などを担当課からもらっておくと、催促せずに済むので、提供してもらうようにしましょう。

掲載依頼様式の作り方

原課からの情報漏れを防ぐ

広報課に寄せられる原稿がバラバラだと、文量が増えすぎて、際限がなくなったり、国や県からの情報を住民に見落とされたりしてしまいます。さらに、イベント情報なのに日時が書いていない、申込締切日が書いてないなど、情報の漏れがある場合も少なくありません。

そこで、必要最小限の情報にし、情報の漏れをふせぐため、要点をまとめる力＝広報力向上のために、国や県からの情報も担当課で作成した「掲載依頼様式」に書いて提出してもらうようにします。

自庁＞都道府県＞国を原課に認識させる

広報紙面には限りがあるので、情報を全て入れようとすると文字ばかりで読みにくくなります。まず**掲載の優先順位を考えたとき、自庁が一番、次に都道府県、国と続きます。**

ところが担当課は、「国から載せろと通知が来たからそのまま載せてくれ」と言いがちです。国民年金の記事などは、交付金が出るので掲載しなければなりません。しかし必ずしも住民が求めている情報ばかりではありません。したがって、基本的にお願いベースの記事は載せない、またはスペースがあるときは載せるなどのルールを徹底する必要があります。そのために、掲載依頼様式の下段に注意書きを入れましょう。

◎佐久間式の広報掲載依頼様式

特典データ

広報さくま 掲載依頼様式

■掲載依頼者・掲載希望月

依頼課・掲載担当者	○○課○○担当 担当者名： （内線 ）
掲載希望月	令和○○年○○月号

■掲載内容（該当箇所を記入）

タイトル（原則20字以内）	
内容（要約したもの）	
日時（曜日まで）	
場所	
料金	
対象	
定員	○ 人
申込方法・申込期間	
担当課・問い合わせ先	○○課○○担当 内線・電話番号

※紙面予約は希望月の2か月前の10日まで、この原稿は20日までに必ず提出してください。
※写真や表、QRコードがある場合はメールに添付してください。
※広報ではできる限り表現を統一しています。よく使用されるものについてご紹介します。
　・○○名→○○人・皆様→皆さん・及び→および・目指す→めざす
　・あります→います・いたします→します など
※まちの情報が優先されます。県や国等からの掲載依頼について、必ず掲載される訳ではありません。
※紙面に限りがあるため、内容すべてが掲載されない場合もありますのでご了承ください。

この様式は、お知らせ欄に掲載するものをベースにしています。もしこれ以上の情報があるときは、それはお知らせ欄に入れるものではなく1ページ以上の特集記事になるでしょう。

つまり、特集記事にすべきかお知らせ欄で良いかの指標としても使える形式です。ボリュームが多いときは、本当に必要な情報だけに絞られているのか、要約しているのかを判断してお知らせ欄か否かを決めます。

また、タイトルや要約した内容を担当課が作ることができれば、全庁的な広報力向上にも繋がるので、掲載依頼様式を活用しましょう。

POINT

トラブルになりそうなことや締切日は、下段に但し書きで必ず書きましょう。書式を渡す際に、注意事項を読むよう申し添えておくとなおよいでしょう。

文字を削ると戻される!?

内部の合意を得るコツ

敵は内部にあり？

　各課の原稿を広報紙面に入れるとき、校正で要点を絞ったり、文字を削ったりして戻します。すると「なんで文字を削るのか」「載せることに意義がある」「一般質問で突っ込まれたくない」「苦情があったときに説明できない」などと各課や上司から苦情が出て、結局すべて載せる「アリバイ広報」になってしまう場合は少なくありません。

　とは言っても、なかなか他の課の上司を説得するのは難しいのが現状です。では、どう改善すれば、合意形成を得られるのでしょうか。

評価の高い自治体広報を見せて説得

　なぜ文字を削るのかを理解してもらうためには、**言葉よりも目で見たほうが分かりやすいです。したがって、全国的に評価されている全国広報コンクール上位の自治体の事例を紹介するのがオススメ**です。

　私も実際、他の部署を説得するとき、まず行ったのは近隣市町村の広報紙を調べて研究しました。そして「他の自治体ではこのようにして文字を削っています」と、印刷したものを見せながら説得しました。

　それでも納得してくれない場合はもちろんありますが、全国の自治体広報のトレンドを見せると、少なからずその上司の印象に残りますので全庁的な広報力向上になり、将来的に合意形成が進む可能性もあります。

◎他自治体の事例を紹介し提案する

> なに勝手に文章削ってるんだ！
> 写真要らないから文字を入れろ！
> 余白があれば文字を入れろ！

評価の高い自治体の広報紙をプリントアウトして持っていき、比較。どちらが見やすく住民目線かを選択してもらい提案する。

> あ、ほかの自治体では
> こうしてるのね。こんなに
> 簡略化しても評価されてるんだ。

POINT

全国の自治体広報で評価されているものを探すには、「自治体広報」「自治体広報　日本一」などで検索するか、日本広報協会のサイトで紹介している広報コンクールの一覧を参考にして、自分の持っていきたい方向に近い広報紙を見つけましょう。

校正は
庁内イントラで行おう

PDFを庁内イントラにアップする

　一定の紙面ができたら、まず初校として校正を行います。PDFの紙面を庁内イントラにアップして、全職員向けにメールで校正のお願いをする方法がオススメです。ポイントは、**該当ページだけを該当担当課に送らないこと**です。

　これでは、全職員がすべての原稿に目を通すチャンスが失われてしまいます。これは大きな損に繋がります。

以前いた課のことは意外と気になる

　私は、広報課に配属される前、税務課にいたので、毎年、固定資産税の名寄せの縦覧期間が気になっていました。このように、何かの縁などで意外と現担当者以外の職員も気になって紙面を見ることになるので、より多くの人が確認し、校正の質が高くなるのです。

　例えば以前、初校時に、住民から寄せられた子どもの写真を載せるコーナーで、名前の誤りに気づいた職員が連絡をしてくれたことがありました。その職員は、近所の子どもだったので気がついたのです。このコーナーは、広報課担当紙面だったので、**全庁的にPDFで校正をしていなければ、ミスを防げなかったかもしれません。**「全職員の目で校正する」ということは、とても重要なワザなのです。

◎庁内イントラに全ページ掲示して校正

▌校正のお願いメール文の見本

件名：【〇月〇日まで】広報紙の校正のお願い

本文

※このメールは全ユーザーに配信しています。

いつも広報発行について各課のご協力ありがとうございます。

広報〇月号の初校を、XXXXX（URL）にアップしましたので、該当箇所を確認のうえ修正がある場合は

【〇月〇日の13時まで】

に担当までご連絡、または赤入れしたものをご持参ください。

なお、期日までに連絡がない場合は、校正なしと判断しますので、ご承知おきください。よろしくお願いいたします。

担当：佐久間　内線３４４　直通：XXX-XXX-XXXX

FAX:XXX-XXX-XXXX

▲メールは「お願い」としてへりくだりつつも伝えたいことははっきり伝える。物腰柔らかにして、ひんしゅくを買わないように注意。締切は【】で囲って強調するのがオススメ。

> **POINT**
>
> 校正の戻りは、メールで箇所を指定してもらってもよいですし、内製化の場合はその場で直してプリントスクリーンで打ち出すなどして、迅速に対応しましょう。

校正チェックのポイント

電話番号と内線番号に気を付ける

　担当課の内線番号を間違えて載せてしまうと、全く関係のない課が対応し、電話を転送しなければならず、住民にとっても不利益になってしまうので、必ず校正で確認します。

　また、出先機関の公民館や図書館、歴史民俗資料館などの電話番号を一つでも間違えてしまうと、住民に繋がってしまう可能性があり、とても危険です。筆者も一度やらかしてえらい目に合いました。

　電話番号、内線番号、住所は何度も確認しましょう。

登場する男女比に注意する

　例えば、新採用職員募集や保育士募集の紙面に女性だけ、消防士募集の紙面に男性だけが登場しているというものは、ジェンダーの視点から問題です。この場合は、男女ともに登場するべきですが、これを問題視しない職員は少なくありません。しかし**「これくらい問題ないだろう」が一番危険**です。

　広報紙面に登場する男女比も偏りがないように配慮する必要があります。紙面がある程度完成したときに、登場している人の男女比の確認もするようにしましょう。

◎ 気になる表現は置き換える

ジェンダーや人種、外見や職業における差別用語などがないか必ず確認します。もし言葉遣いに迷ったときは、男女共同参画の担当課に聞いてみましょう。

気になる表現	校正後の表現
主人・旦那 / 嫁・家内	夫 / 妻、配偶者・パートナー
ビジネスマン・OL	会社員
老人	高齢者・お年寄り
○○ちゃん / ○○くん	○○さん
女優 / 男優	俳優
カメラマン バンドマン 広報マン	フォトグラファー・写真家 ミュージシャン 広報担当
看護婦 / 助産婦	看護師 / 助産師
男らしい / 女性らしい	使わない
子供 / 県下 / 友達 / 障害を持つ	子ども / 県内 / 友だち / 障がいのある

> ### POINT
>
> 多様な世の中になっている今、ふとした表現や言葉で相手を傷つけたり、不快に思わせてしまったりすることがあります。客観的に問題がないかを確認するために、自分ひとりで確認せず、課内全員で校正して、トラブルを未然に防ぎましょう。

校正で手の内を明かさない

隙を見せるとあれもこれも入れてと要求される

　お知らせ欄は、初校の時点では限りなく文字数を少なくして、スペースができるくらいにします。全職員に校正を出すとき注意するのが「余白を見せない」ことです。

　余白が少しでもあると、「これも載せて」と追加で情報を入れたくなってしまいます。それを防ぐために**「原稿まち」スタンプを余白部分に入れておきましょう**。すると、「まだ原稿を出していない課があるんだな」と思うわけです。しかし実際は、その箇所に載せる原稿はありません。その空きをどのように活用すればよいのでしょうか。

急な原稿依頼に対応＆画像を入れる

　余白があると、**突発的に入れなければならなくなった情報を入れる**ことができます。

　再校くらいのときに空いている場合は、周囲のお知らせ情報の関連画像を入れるとよいでしょう。そのときに「素敵な情報だから、より見てもらうために画像を入れさせてもらってよいですか」と担当課に聞きます。担当も悪い気がしないですし、広報課の印象もよくなります。

◎原稿を待っているかのように演出する

初校で余白のまま各課に校正依頼をすると確実に「そのスペースがあるのならもっと文字を入れて」となります。そこで「原稿まちスタンプ」を作って空きがないように演出します。

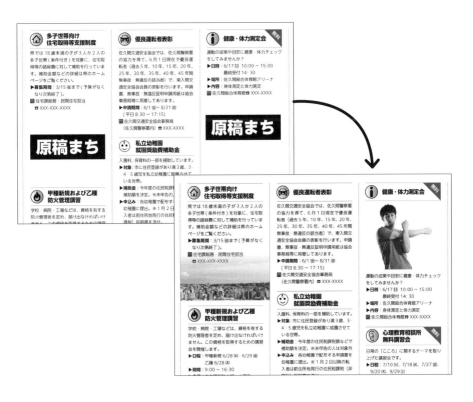

POINT

「〇〇課の原稿まち」など具体的にすると、「いや頼んでないし」「〇〇課ばかり原稿待ってあげていてずるい」など面倒なことになるので、「原稿まち」と抽象的にしておきます。

09

台割・スケジュールの作り方

台割で全体像と役割分担を決める

　広報紙面に何を載せるのか考えたら、「台割」を作ります。台割とは、表紙から裏表紙までの各ページに何を載せるか一覧にしたものです（右図参照）。表紙や巻頭特集などが決まったら作りましょう。毎号ページ数が変わる契約の場合は、ページ数も決めて内容を精査します。

　台割を作ると、全体の流れを可視化できます。また、台割には「担当者」を書き込むことも大切です。ローテーションで、特集やお知らせ欄、毎号掲載が決まっている固定されたページなどを回すのです。広報業務以外で忙しい人は、今月は固定されたページを担当するなどとして、個々の業務負担を勘案しながら台割を決めるのがポイントです。

月のスケジュールを決める

　台割を作ったら、**広報紙発行までの流れを表にして可視化させ、職員間でスケジュールを共有**します。原稿締め切り、初校、校了、納品などがいつか把握することで、逆算して業務の組み立てや割り振りができます。

　また、スケジュールの中に、各担当者の勤務予定も入れておきましょう。いつ誰が休暇を取るのかなどを職員間で把握し、自分の仕事量をどれくらいにすればよいのかを考える指標になるので、スケジュール表には必ず各職員の1か月先までの予定も入れるのがおすすめです。

◎台割とスケジュール表

特典データ

台割の例

◀印刷の契約によっては、フルカラーでなく表紙と一部だけカラーなどのケースもあるので、どのページが白黒かなどをも割り付けのときに入れておく。また、ページ担当者を可視化し共有して、業務のバランスを保つ工夫もする。担当者が一人でも、担当欄に名前を載せて、業務負担の程度を上司に把握してもらおう。

スケジュール表の例

▲担当者の勤務予定を踏まえ初校日や校了日などを入れる。

POINT

大まかな台割を作って巻頭特集が何ページ確保できそうか、どの情報が前に来るべきかなどを考えてから特集の企画書を作り起案して、そのあとに別途台割とスケジュール表を起案します。台割が決まったあとに特集ページが変わる可能性があるからです。

広報虎の巻の作り方

誰でも広報紙を作れるようにする

　私が広報担当に異動して最初に苦労したのが、どうやって広報紙を作ればよいのか全く分からなかったことです。外注をしていたのですが、周りが「なんとなく」作成していたため、ルールがありませんでした。

　2年目に内製化したときに、後輩に同じ苦労はさせまいと「虎の巻」を作り、誰もが簡単に広報を作れるようにしました。**カテゴリー別にどのフォントを使っているのか、大きさや太さ、行間、文字間など全てルールを決めてマニュアル化**したのです。

課全体で広報づくりに参加する

　お知らせ欄は、ルールが決まれば誰もが作ることができます。要点の絞られた原稿がくれば、それほど広報で加除することもありません。

　筆者は「秘書広報室」だったので、当時は同じ課に専属で運転手の職員がいました。首長が休みのときや長い会議になっている時間に、お知らせ欄を運転手の職員にも作っていただいていました。

　課として全員が広報紙を作れるような体制を作ることで、隙間時間を活かした効率的な仕事が可能となります。わかりやすいマニュアルがないときは、あなたが苦労したことや、この本を元に**虎の巻を作って、誰もが広報紙を作れるように**しましょう。

◎誰もが広報紙を作れるように虎の巻を用意する

虎の巻①　お知らせ欄の作り方

お知らせ欄を作るポイントは原稿が来たら、仮で良いのでとにかく入力していくこと。
各課の原稿をコピペではなくプリントアウトして手入力をして質を高めます。

Indesign 設定値「レイアウトグリッド」

Indesign 設定値「ドキュメント設定」

■白黒ページのご注意
原則このページは白黒なので、写真はすべて「グレースケール」にして入れます。

■前年のIndesign データを利用
毎年ある事業がほとんどなので、前年のデータを使い、日付を変えるだけなどで対応します。作業する前の月のインデザインのお知らせデータを一度すっきりさせてから前年のデータをコピペしていきます。

■各課からのチェックポイント
各課からくる原稿を読んで、理解してから入力を始めます。疑問があったら質問に聞いて、要点を絞ってわかりやすい紙面をめざして作ります。

■パズルのピースをはめる感覚
はめ込むのは一番最後で、とにかくコンテンツを入力していきます。

■白は手入力で埋める
余白が出た場合は、写真を入れて対応します。それでも空く場合は、SNSの告知などで埋めていきます。広報担当で完結できる内容だと、フレキシブルに対応できます。

お知らせ欄の文字と色の設定値

＼UD 新ゴ以外は使わない！／

内容にあうアイコンを選択。ない場合はその都庁庁部分で作成する

見出しは UD 新ゴ B 16Q

子の職業的自立に悩む家族のためのセミナー

15〜44歳の未就労の人の家族を対象にしたセミナーを開催します。（要事前申し込み・先着順）

小見出しは
UD 新ゴ DB 12Q

▶会場：佐久間公民館 2 階集会室
▶申込先：下記へ電話申し込み。

本文は UD 新ゴ L 12Q

帯は黒を 70%にして少し薄めで目にやさしくなるように配慮

その他押さえておきたいポイント2つ！

POINT 1
ある程度きたら PDF に書き出してイントラに暇出しして確認にチェックしてもらっています。印刷して担当ごとに切って紙で各課に回って確認します。全職員に〇〇までに確認しても、というメールを出すと、全職員のポイントは自分の担当だから。みんなが確認できるということです。「知り合いの子どもの名が間違っている」と指摘があったり広報担当だけでは気が付かない細かなところを、全職員がチェックしてくれ、ミスが格段に減ります。また、全職員にメールをすることで、「校正知てない」ということが皆無になります。

POINT 2
忙しさから担当課の原稿を入れ、初稿通に文字を無ったら、初稿の意味がないばかりか信頼を失いかねません。そのため、最初に担当組に呈てきほとんど人の文字を無います。お知らせ欄はギリギリまで余白を残たせたために、余白があるまで「原稿まち」として、急な原稿依頼にも対応できるようにして余白の状態でもお知らせ欄の全体を全職員が見るのです。「なんで今月お知らせないじゃん、じゃあこの原稿入るでしょ」ということを防ぐために、「原稿まち」とするのは非常に有効です。最終的に余白は写真を入れるなどで対処し、文章に影響はないようにすれば、おさらい納得！

毎月載せるもの
・納税回
・土曜開庁
・国民年金
・普通消防訓練会（上級消防訓練会）

おさらい
・書体はすべて「UD 新ゴ」
・タイトルは 16Q で B
・本文は 12Q、見出しは B
・配置はグリッドを使う
・余白は写真を使って埋める

▲筆者はIndesignで広報紙を作っていたので、各種設定値を細かくマニュアル化してルールを統一した。また、押さえておきたいポイントも記載しておけば、未経験者が異動してきても安心。

POINT

巻頭特集・お知らせ欄より大きめの記事、フォトニュースなど各カテゴリーごとに使用するフォント、サイズ、太さ、行間、余白など、必ずルールを作り、「虎の巻」として残しておきましょう。

しくじり広報先生 ③

思い上がっていた暗黒期

　私が広報に異動した初年度は、印刷以外を外注していました。翌年2012年6月号から完全内製化になり、良くも悪くもギリギリまでこだわって作ることができるようになりました。私が特に注力したのは写真で、独学で雑誌や本を読み漁り学んだ結果、広報担当2年目の2012年12月、全国広報コンクールの組写真部門で初めて入選したのです。

　しかし、ここがしくじり。カッコ良い紙面ばかり意識したデザインになっていて、今改めて当時の紙面を見ると、自己満足なものになっていると感じます。「住民が主役の広報」だと言っていたのに、です。

　紙面に登場する人は、カッコ良い写真ばかりで目線もバラバラ。見た目は良いのですが、紙面に登場する住民と読者の住民の目が合わないので、コミュニケーションが取れません。この広報紙を通してまちに住民がついてきてくれたのかというと、後ろを振り返ったときに誰もいなかった感覚があったのです。それからは、「登場する住民と読む住民が会話できる広報」を作るために、正面を向いている写真を多用するようにしました。それに伴い、目と目が合う紙面と、読者がコミュニケーションを取って会話ができる広報に、デザインを変えたのです。

　思い入れがあるのは、2017年9月号の特集です。この号は、全国広報コンクールで2席になったのですが、登場する人はほとんど正面を向いています。また、SDGsを特集した2019年12月号も同様に、ほとんどの写真が正面を向いています。

　もし、調子に乗って自己満足の広報紙を作り続けていたら、この本を出すことはできなかったでしょう。住民がついてきてくれる広報紙を作ること、広報紙で住民と住民を繋ぐことができると気づけたのは、このしくじりがあったからです。

4章

全広報物に使える！

読みやすさの基本ルール

全世代に伝わる！

カテゴリー&ターゲットの絞り方

カテゴリーごとに対象を絞る

どこの自治体も、若い世代が広報紙を読んでくれない悩みがあると思います。その対策として表紙など目立つ箇所の読者ターゲットを若年層にすると、高齢者に配慮していないと思うかもしれません。しかし、高齢者の趣向に沿ったものでは、逆に若年層が読まないままです。このジレンマを解消するために、**「全ページで全世代をカバー」**しましょう。表紙は若者、裏表紙は子育て世代、巻頭は若年層、歴史探訪・俳句・歌壇で高齢者のようにカテゴリーごとにターゲットを絞るのです。

高齢者は時間があるので手に取り読む

私は広報改革をして、若年層に手に取ってもらうために表紙と巻頭特集に力を入れました。高齢者の閲覧率は下がるどころか、80％から94％にあがりました（住民意識調査の統計で比較）。

高齢者は時間のある方が多く、地域にも興味を持ってくださることが多いので、比較的どんな広報紙でも目を通してくれます。しかし、**若年層は興味がなければ読んでくれません**。逆に言うと、若年層が興味を持つ内容にすれば「若年層＋高齢者層」となり、全体の閲覧数が上がるのです。全て若者向けにするのではなく高齢者が楽しめるコンテンツも用意し、1冊を通して全世代をカバーする構成にしましょう。

◎各カテゴリーでターゲットを決めて全世代をカバー

コンテンツ	ターゲット層	工夫
表紙	若年層	・ファッション雑誌のようなデザイン ・地域の魅力が分かる風景 ・おしゃれなデザイン（ロゴやキャッチコピー）
巻頭特集	若年層〜 高齢者	・年間を通して年齢層によってテーマを変える ・文字を少なくしてビジュアルを重視する ・旬な話題を取り上げる ・ターゲット層と同世代の住民を登場させる
歴史・文化財 今昔写真館	中年〜高齢者	・まちの歴史や考古学が好きな住民は意外と多い 　ので連載にする→歴史民俗資料館と連携 ・まちの今と昔を比較する写真を連載
保健・健康	若年層〜 高齢者	・乳がん検診や胃がん検診など特定健診のお知ら 　せ（生活習慣病） ・医師や保健師のコラムの必要性の可否
お知らせ欄	全世代	・要点を絞り横書きにし「読む→見る」デザインに ・切り抜き画像を活用してビジュアルを良くする
俳句・歌壇	高齢者	・句の数は10個以下に絞る
子ども情報	子育て世代	・イベントの様子を写真でレポートして雰囲気を 　伝えて参加しやすくする ・子育て支援センター・児童館・保健センターの 　乳幼児健診・図書館の読み聞かせなど、担当課 　がバラバラなものを見開きの表にしてまとめる
フォトニュース	全世代	・首長はなるべく載せない→住民が主役の広報
裏表紙 まちのアイドル 広報クイズ	子育て世代 孫がいる世代	・未就学児を応募して掲載する→保護者が喜ぶ＆ 　孫が載っていると高齢者も喜ぶ ・広報クイズで住民参加型の広報紙に

POINT

広報紙を手に取ってもらうためには、駅のラックを使ったり、発行した後にSNSで情報発信をするなどの工夫も同時に行ったりして、広報の存在に気づいてもらう仕掛けもしましょう。

目線の動きを考える！

レイアウトの禁じ手

読みやすいレイアウトには理由がある

　読みやすい紙面を作るには、見出しやレイアウトなどを工夫する必要があります。その中で、タブーとされているレイアウトがあるので注意しましょう。

　例えば、お知らせ欄で見出しが縦に並んでいると違和感があるのは、「えんとつ」というタブーをおかしているから読みにくいのです。**いくら文章が良くても、レイアウトが悪いと、読者は読みたくなくなります。**最低限のルールは覚えておくのがポイントです。

目の動きを考える

　縦書きの２段の文章を読む場合、上から下に目が動いていきますが、途中で見出しや写真といった壁があると、右下に目が動きます。しかし、続きが壁をまたいで左上にあったら、目が行ったり来たりしてしまい読みにくいと感じてしまいます。

　このように、目が迷子になってしまう**レイアウトのタブーがいくつかあるので、押さえておきましょう。**右ページの例以外にも、なき別れ・はらきり・両流れなどのタブーがあります。

◎ レイアウトの禁じ手

飛びおり ▼段が終わったら右上に文を配置する。

飛び越え ▼文章を飛ばさないように配置する。

◎ 見出しの禁じ手

しりもち

写真

広報作りはまちづくりだ

▲紙面の最下段に2段以上の見出しや写真を配置しない。

横並び

担当課との調整が鍵である

恐れていた事態が発生した

▲同じ位置にある段に2段見出しを並べない。

えんとつ

見出しその1

見出しその2

▲見出しの下に見出しは配置しない。

文字のジャンプ率

文字の大きさ・太さの差＝ジャンプ率

　文字の大きさや太さの差を、「ジャンプ率」といいます。

　見出しと本文の文字の大きさと太さに全く差がないと、パッと見たときに、どこから見ていけばよいのか分からないことがあります。その場合、画像を使わずに文字の大きさと太さの緩急を付けるだけで、同じ情報でも伝わりかたが大きく異なります。

　まず、**知ってほしい情報、相手が興味を示しそうな言葉、数字は他よりも大きく太い文字にする**だけで、訴求力がグッと向上します。

見出しは大きく太く・文は小さく細く

　文字のジャンプ率で押さえておきたいのは、以下の３つのポイントです。

①**大見出し・中見出し・小見出し…本文より大きく太くする**

②**本文…見出しよりも小さく細くする**

③**紙面で一番大きい文字は「タイトル」、小さいのは「写真の説明文」**

　この３つを押さえておけば、紙面の見た目は綺麗になるはずです。また、ジャンプ率は単位でも活用できます。例えば「〇％」のような数字を目立たせたい、強調したいときは、数字を太く大きくし、単位を小さくすると、メリハリがついて、伝えたい数字が一目で分かります。

◎見るのか読むのかをハッキリさせる

強調したいとき

期間限定
最大 15% 還元
マイナポイント
キャンペーン実施中

期間限定
最大**15**%還元
マイナポイント
キャンペーン実施中

▲文字を太く大きしてサイズで緩急をつける。

見出しがあるとき

ジャンプ率が低い

ジャンプ率が低いとメリハリがない一方で、落ち着いた印象を与えることができます。

ジャンプ率が高い

ジャンプ率が高いとメリハリが効くので見るところと読むところの差がはっきりします。

▲見出しは太く大きく、読む文章は細く小さくする。

POINT

ジャンプ率はデザインの基本中の基本です。見出しと本文にメリハリをつける癖をつければ、広報紙のみならずどの部署でも活用できるので、必ず押さえておきましょう。

行間の正しい空け方

文字の大きさに対して70％前後が基準

　可読性は、行間によって左右されます。行間が詰まっていて読みにくいときは、適切な設定がされていないので、使っているソフトで設定を確認しましょう。

　どのくらい空ければよいのかというと、**1文字の大きさに対して70％程度の行間があれば適切**です。ただし、行の幅によって前後するので注意が必要です。1行が16文字以上の場合は70％以上、1行が13文字前後で短い場合は50％程度でも読みやすくなります。

読みにくいから太く大きくはNG

　住民や議員から、「文字が小さくて読みにくいから、大きく太くして読みやすくしてほしい」と言われたことはありませんか。もしこれをうのみにして反映してしまうと、逆に読みにくくなるので注意が必要です。

　紙面に限りがあるなかで、文字を大きくしてしまうと、必然的に行間が狭まり、圧迫感が強まります。さらに余白がなくなると、行末から次の行頭に行くための導線がなくなるので、今、自分が何行目を読んでいるのか迷子になってしまいます。「読みにくいからと文字を大きくする」のは、大きな間違いなのです。

◎行の長さに応じて行間を適切に空ける

行間は、次の行
頭に行くための
目の導線となる。

1行が長いときは行間を空ける（70%以上）

行間は1行の長さによっても変わります。短いものは多少行間を詰めてもそれほど気になりませんが、1行が長くなると文頭に戻るときに迷子になりやすいので、目の導線となる行間のゆとりを持つように意識しましょう。

行間は1行の長さによっても変わります。短いものは多少行間を詰めてもそれほど気になりませんが、1行が長くなると文頭に戻るときに迷子になりやすいので、目の導線となる行間のゆとりを持つように意識しましょう。

1行が短いときは50%程度行間を詰める

行間は1行の長さによっても変わります。短いものは多少行間を詰めてもそれほど気になりません。目が行頭に戻る導線がなくても問題がないからです。

行間は1行の長さによっても変わります。短いものは多少行間を詰めてもそれほど気になりません。目が行頭に戻る導線がなくても問題がないからです。

POINT

行間を詰めることが多いのは、写真のキャプション（説明文）です。紙面の中で一番小さな文字サイズなので、行頭に戻るまでの目の動きがそれほどないことが理由です。

1色ではなく100色！

配色は濃度を変える

■ 色は必要最小限に抑えて濃度を変える

　モノクロではなくカラーで印刷できると、ついつい「色をたくさん使わないともったいない」という気持ちになってしまいがちです。しかし、やみくもに色を多用してしまうと、見にくく読みづらい紙面になってしまいます。ポイントは、使用する色は必要最小限に抑えることです。

　1つの紙面で使用する色は、写真以外は3色程度に抑えます。3色しか使えないのかと思うかもしれませんが、ポイントは「濃度を変える」ことです。色数をしぼっても、濃度を変えれば、あざやかに見栄えよくすることができます。

■ 色の濃度でメリハリをつける

　メインとなる色を決めたら、「濃度」を変えます。イメージとしては、絵具に水を足して、薄い色を作り出すようなイメージです。例えば、緑がメインの色だとすると、濃度を薄めると明るくなります。この濃度をコントロールすることで、色のメリハリをつけることができるのです。

　これを黒で考えると、黒・濃いグレー・グレー・薄いグレーなどがたくさん使用できることになります。**1色あたり100％濃度を変えることができる**ので3色なら300色も使えると考えるのです。白黒印刷は100色も使える、そう考えましょう。

◎ 濃度で表現の幅を広げる

▌モノクロでも100色使える

100% ━━━━━━━━━━━━━━━━━━━→ 10%

100%	**STEP1**	健康診断を受診
80%	**STEP2**	検診結果をチェック
50%	**STEP3**	課題を検討、必要に応じ健康相談を受ける
30%	**STEP4**	できることから始める

▲黒も濃度を変えれば灰色になる。濃い灰色、薄い灰色を活用すると、1色でもメリハリがつく。

▌円グラフなどでも活用できる

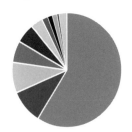

◀円グラフもカラーでなくても、黒の濃度を変える工夫をすれば、見やすいものを作ることができる。

P O I N T

カラーの場合は「メインカラー70％」「サブカラー20％」「アクセントカラー10％」の比率で3色に抑え、濃度を変えてデザインするとスッキリした紙面を作ることができます。

---

06 削る＆わかりやすくする

伝わる文章を作成する

削れる文字は削る

　文字は必要最小限にした方が情報が伝わりやすくなります。よく通知書などで使ってしまう「〜について」「〜に関すること」などのフレーズは使用しなくても意味が通じるケースが多く、削っても問題ありません。

　特に、お知らせ欄などが文字ばかりになってしまうときは、不要な文字が入っていることがあります。1文字でも削る努力を積み重ねると、全体の文字量が減り、読みやすくなります。

■困ったときに削れる言葉の一覧

よく使ってしまう削れる言葉	について・つきまして・において・に関すること・〇〇の中・に対して
接続詞	そして・しかし・だから・そのため・すると・そこで
主語	私は・あなたが
指示語	その・それは・これは
形容詞	美しい・楽しい・うれしい
副詞	とても・非常に・すごく・かなり
謙譲語	いただく・させていただく
重複する言葉	まず初めに→初めに　一番最初→最初
〇〇の方〇〇される方	希望される方→希望者／来庁される方→来庁者参加される方→参加者

◎文化審議会建議「公用文作成の考え方」

　文化庁の文化審議会建議「公用文作成の考え方」についてで、文章を書くときの基本的なルールが公開されています。公用文作成の考え方（建議）のPDF資料の中で、下記のように記載されているので、確認しておきましょう。

エ「解説・広報等」では、特別な知識を持たない人にとっての読みやすさを優先させる

　解説・広報等は、法令や告示・通知等の内容を分かりやすくかつ親しみやすく伝えたり、各府省庁の施策や具体的な取組について広く周知したりすることを目的とする。したがって、全ての国民が読み手となりえることを意識しておく。特別な知識を持たない読み手であっても理解できる言葉を使って、礼儀正しくかつ親しみやすく伝えるよう努めたい。法令や訓示・通知等に特有の言葉遣いや表記をそのまま用いるよりも、必要に応じてより分かりやすい文書作成を行うよう工夫する。

　より分かりやすく親しみやすく伝えることは、施策に対する読み手の関心を引き出し、法令や告示・通知等にまで振れるきっかけやもっと知りたいという意欲へとつながるものでもある。解説・広報等は、更に正確で専門的な知識を得るための入口ともなることを意識しておきたい。

▲引用：文化庁　https://www.bunka.go.jp/seisaku/bunkashingikai/kokugo/hokoku/93650001_01.htmlのサイト内
公用文作成の考え方(建議) https://www.bunka.go.jp/seisaku/bunkashingikai/kokugo/hokoku/pdf/93651301_01.pdf

---

POINT

国からも広報は親しみやすく伝わる文書を作成せよとお達しが出ています。必要に応じて分かりやすい文書を作ることはアリバイ広報からの脱却を意味します。

テーマで使い分ける

フォントの選び方

フォントで印象を変える

　テーマや内容によって、フォントはその印象を変えます。例えば、「申し訳ございません」をポップ体にすると「**申し訳ございません**」となり、ふざけた印象になってしまいます。

　さらに、紙面のなかで複数のフォントを使ってしまうと、統一感がなく、うるさい印象になってしまいます。**使用するフォントの種類は最小限に抑える**などの工夫も必要です。文字のウェイト（太さ）を変えることも統一感をうみ、すっきり読みやすくする工夫の１つです。

本文はUDフォントを使う

　本文には、UD（ユニバーサルデザイン）フォントを使いましょう。おすすめは「縦書き…UD黎ミン　太さ＝ＬかＲ」「横書き…UD新ゴ　太さ＝ＬかＲ」です。小見出しや中見出しは「UD新ゴのDBまたはB」がおすすめです。

　私のおすすめは「モリサワフォント」です。有名アニメ映画のタイトルなどで使われる「A1明朝体」、デザイナーに評判の「A1ゴシック」など、デザインのプロが使う信頼感のある書体だからです。また、ディスレクシアの子どもたちに配慮しエビデンスも取れているUDデジタル教科書体もあるので、障害者差別解消法の合理的配慮にも繋がります。

◎テーマに合わせ書体で印象づける

講演会・勉強会

▲使用するときに無難なのは「ゴシック体」。ポスターやチラシで縦書きにするケースは少ないので、説明文などではUDフォントのゴシックを使うとよい。

UD 新ゴ　太さ B
○デザインでお悩みのあなたへ

UD 新丸ゴ　太さ B
△デザインでお悩みのあなたへ

HGP 創英角ポップ体
✕デザインでお悩みのあなたへ

注意、警告、強いお知らせ

▲強いメッセージのときは「太いゴシック体」を使う。明朝体など、細いフォントだと弱々しい印象になってしまうので気を付ける。

UD 新ゴ　太さ H
○熱中症にご注意！外出は控える。

サンセリフ　太さ B
△熱中症にご注意！外出は控える。

MS 明朝
✕熱中症にご注意！外出は控える。

子ども向けの告知

▲ポップ体は「子どもっぽさ」という面ももっている。子ども向けのイベント告知などでポップ体を使うことは問題ない。

丸フォーク　太さ H
○元気はつらつ！子ども体操！

HGP 創英角ポップ体
△元気はつらつ！子ども体操！

MS 明朝
✕元気はつらつ！こども体操！

謝罪文・お詫び文

▲かしこまった文、謝罪文には品のある「明朝体」を使う。教科書体でもおかしくないが、ポップ体はふざけた印象になってしまう。

UD 黎ミン 太さ L
○大変申し訳ございませんでした。

HGP 教科書体
△大変申し訳ございませんでした。

HGP 創英角ポップ体
✕大変申し訳ございませんでした。

POINT

外注の場合、印刷業者に使用するフォントを指定しましょう。稀に有償フォントを入れていない業者があるので、仕様書にUDフォントを使用する旨は必ず入れておきます。

印象が変わる＆楽に作れる！

レイアウトパターンを覚える

レイアウトで訴求方法が変わる

　見やすく読みやすいデザインレイアウトには、理由があります。スタンダードなのは規則性を持たせたレイアウトで、右ページで紹介しているものです。この６つを知っておけば、基本的な紙面は作れるはずです。

　各レイアウトごとに狙いが異なるので、**どのような効果があるのかも意識しながら、このパターンを参考にデザインレイアウトをしてみる**ことをオススメします。

基本のレイアウトを少しずつ変えている

　白紙からいきなり紙面をデザインレイアウトしていくのは、至難の業です。最初は、右ページの基本的なレイアウトを参考にして、慣れてきたら自分の色を出すようにしましょう。

　濃い四角形の部分は画像や写真だけでなく、グラフなどを挿入することもできます。つまり、**この箇所は読む箇所でなく「見る箇所」**なのです。

　レイアウトの良し悪しで読み手の「見たい＆読みたい」気持ちが変わるので、パターンを覚えておきましょう。

◎押さえておきたい6つのレイアウト

シンメトリー

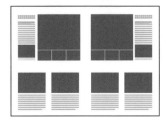

▲左右を対象にして配置すると全体的に落ち着いてバランスが良くなる。

グルーピング

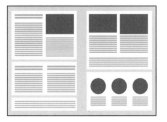

▲コンテンツが異なるものをグループに分けてデザインする。

反復

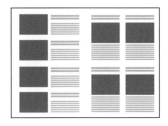

▲同じルールを繰り返して規則的に配置する。全体的に統一感が出る。

グリッドシステム

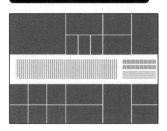

▲紙面を線で区切り、それに沿って画像や文章を配置する。

大きいジャンプ率①

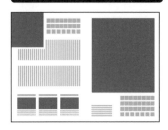

▲メインの写真を他の写真よりも大きくしてインパクトを強くする。

大きいジャンプ率②

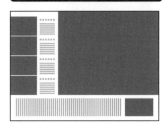

▲ページをまたいで大きく写真を使うパターン。特集の扉ページとして使える。

7：3の法則を活用する

人は1秒足らずで情報を判断

　駅の看板やポスター、まちなかの掲示物など、社会には無数の情報があふれています。そのなかで、皆さんの目に留まるポスターや掲示物は、どのようなデザインがされているでしょうか。まず、それについて自分は関心があるかないかを判断しているはずです。その「なんだろう」と思う時間は、1秒足らず（0.3秒）と言われています。裏を返せば、**「1秒足らずで関心を持ってもらうデザイン」にしなければ見てくれない**ということになるのです。広報紙も同じで、ページをめくったときの印象は非常に重要です。

上部7割は「見る」・下部3割は「読む」

　せっかく作成したものがなかなか手に取られない、広報紙面を見てもらえない悩みから解放されるための第一歩として、筆者が編み出した「7：3の法則」が非常に効果的です。A4縦を基準に考え、上部7割には「見る情報」を入れます。これは画像や写真、イラストを全面に使い、注意を引くことに注力します。さらに、キャッチコピーや、イベントであればその日にちなど、**伝えたい優先順位の高いものをこの7割のゾーンに入れます**。残りの下部3割には「読む情報」を入れていきます。詳細や注意書き、申込方法など、読まなければわからない情報です。

◎読むゾーンと見るゾーンに分ける

見るゾーン

①写真や画像・イラストで注意を引く

②伝えたい優先順位の高い情報

③情報は必要最小限

読むゾーン

④文章など「読む情報」を入れる

上部「7割」に入れる要素とポイント

①7割をしめるくらいダイナミックに配置し注意を引かせる。

②キャッチコピーや開催日、参加費の有無など重要な情報を入れる。

③上記①・②の邪魔をしないように文字の情報は必要最小限にする。

下部「3割」に入れる要素とポイント

④概要や申込方法など「読む情報」は3割のゾーンにいれる。7割のゾーンより大きな文字を使うと下部に目がいくので注意する。

センスがよくなる！

おすすめフリー素材&サイト

質の高い素材がフリーで使える

　人物や商品のイメージ写真を撮影しなくても、フリー素材のサイトで質の高いものが使えます。さらに、おしゃれなイラストを提供しているウェブサイトも増えています。以前は自作しなければならなかった吹き出しや装飾、あしらいなどもフリーで利用できる便利なサイトがあるので、押さえておきましょう。一方、利用規約やガイドラインをよく読まないと、使用数によっては有料になる場合もあるので注意が必要です。

ファイル形式を理解しよう

　写真や画像データのファイル形式は「JPG」が知られていますが、よく見る「PNG」や「SVG」との違いを理解しておきましょう。

・**PNG**…JPGよりも綺麗な画質。背景を透過できる。

・**SVG**…拡大縮小しても劣化が少ない。PowerPointでグラフィックに変換するとIllustratorで編集するようにパーツを分けられる。

・**EPS・Ai**…Illustratorで利用できるデータ。

・**PSD**…Photoshop用のデータ。内製化で入稿する場合、色のデータをRGBからCMYK形式にする必要があり、Photoshopで変換する。

◎ おすすめのフリー素材＆フォント

フリーの素材サイト

サイト名	素材内容と特徴	URL ファイル形式
PAKUTASO	クオリティの高い写真素材 人物・風景・商品・スマホなど	https://www.pakutaso.com/ JPG
ちょうどいい イラスト	人物・もの・商品・マスクなど	https://tyoudoii-illust.com/ PNG・EPS
ソコスト	ソコソコ使えるシンプルなイラスト ブラウザ上で色を変更できる	https://soco-st.com/ PNG・SVG・EPS
ICOOON MONO	おしゃれなピクトグラム	https://icooon-mono.com/ PNG・JPG・SVG
フキダシ デザイン	かわいい吹き出しが多数 ブラウザ上で色やバリエーションを変えることが可能	https://fukidesign.com/ PNG・JPG・SVG
フレーム デザイン	おしゃれなデザイン枠やあしらい素材が多数 ブラウザ上で色やバリエーションを変えることが可能	https://frames-design.com/ PNG・JPG・SVG
シルエット デザイン	実写に近いシルエットが多数 ブラウザ上で色やバリエーションを変えることが可能	https://kage-design.com/ PNG・JPG・SVG

フリーフォント

フォント名	特徴	URL
マキナス	スタイリッシュでおしゃれな印象	https://moji-waku.com/ makinas/
美咲ゴシック	昔のゲームのような印象	https://littlelimit.net/misaki. htm
あんずもじ	手書き風で柔らかい印象	https://fontdasu.com/141

▲フォントを利用するには、ダウンロードしたデータをPCに取り込む必要がある。情報システム課などPCを管理している部署に、フォントをインストールできるかの確認を事前にする。

しくじり広報先生 ❹

家庭崩壊の危機

　私が広報担当になった当初は、いきなり良いものができるわけもなく、相談する人もおらず、何が正解かわからず苦労の日々でした。特に写真は、「背景がボケてる写真カッコいい！」「どうやら高いレンズを買えばボケるらしい！」と考えました。そして当時2人目が生まれたばかりで家計も大変なのに、私は高額レンズ沼にハマってしまいました。

　ここがしくじり。広報はこだわるとキリがないのです。「子どもの成長を高解像度で残したい」と妻を説得し、カメラやレンズに新車のプリウスが買えるくらい投資しました。さらに土日は取材。妻には申し訳ないし、少しでも時間があれば子どもと遊ぶようにした一方、夜の10時から午前3時までは仕事の「自習」に費しました。この、時間的にも予算的にも無理のある状況が、広報に異動してから数年間続きました。

　しかし、ある日ふと「ここまで頑張っても住民はそこまで求めているのか」と思いました。つまり、ここまでのやりこみは自分の自己満足なのではないかと気付いたのです。また、それまでは、行き当たりばったりで企画書など作らず、真っ白な状態から取材をして、真っ白な紙面を埋めていました。分担、効率化の努力をせず、自分一人でやろうとしすぎていたのです。内製化は良くも悪くもキリがなく、属人化されやすいのです。

　そこで全てを見直し、企画書を作り、レイアウトを決めてから取材することにしました。また、フォーマットや虎の巻を作って、それまで自分一人で作業をしていたものを課で分担するようにしました。

　ずっと、「こんな広報紙は、自分でなきゃできない」と自惚れていました。しかし、家族を省みず一人突き進んでも、誰も幸せにならないと気がついたのです。結果、退職前の最終年度は残業0時間で、時間外勤務もほとんどしませんでした。

5章

少ない文字数で伝わる！

お知らせ欄・見出し&キャッチの作り方

ここが実は一番重要

「お知らせ欄」で住民の命を守る

まずは知ってもらわなければ意味がない

例えば、ウェブサイト上で「胃がん検診のお知らせ」を載せていたとします。しかし、載せることが目的になっていて、誰にも気づかれなかったら、情報発信をしているとは言えません。

広報紙のお知らせ欄に載せることが目的になっていて、見ても読んでももらえなかった結果、その住民にとって命に関わる重要な情報だったかもしれないのに届かないということになってしまいます。**認知されなければ、情報は「ない」に等しいもの**なのです。

お知らせ欄のがん検診で命を救える可能性

①地元の広報紙が毎回文字ばかりで要点もまとまっていない、作ることが目的のアリバイ広報

②表紙のデザインを工夫し毎号分かりやすい巻頭特集を組み、お知らせ欄も文字ばかりでなく要点を絞り、見やすく読みやすい広報

当然住民は②を選択します。もし広報の「乳がん検診のお知らせ」を読んで受診をして早期発見に繋がったら、広報が命を救ったといえます。もし①だとしたら**救える命を救えないかも**しれません。だから、お知らせ欄を読んでもらう工夫が非常に重要なのです。

◎まずは手に取り開いてもらうことが重要

参考：北本市 広報きたもと令和4年5月号

アリバイ広報

興味がないので手に取らない。取っても開かずに捨てられてしまう。

要点を絞らずに、伝えたい情報を並べているだけなので、見る気も読む気もしない。

文字ばかりで分かりにくく、住民が自分が必要だと思う情報がどれか分からない。

途中で離脱してしまう

表紙

巻頭特集

お知らせ情報

伝わる広報

思わず手に取りたくなる表紙をデザイン。手に取って開いてくれる。

写真をふんだんに使い、分かりやすく伝わる工夫をすることで内容を理解しやすく、地域に関心を持つ。全ページ読む導線にもなる。

見出しも工夫し、要点を絞っているのでとっつきやすい。適宜写真やイラストを使用する。

全ページ読んでもらえる

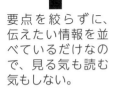

POINT

お知らせ欄などの情報を読んでもらうためには、その情報を見てもらわなければなりません。そのため、広報紙では表紙や巻頭ページなどを工夫しつつ、お知らせ欄を含めた全ページをどうやったら読んでもらえるか、全体で考える必要があります。

横書きがおすすめ！

縦書き・横書きの
メリット・デメリット

■ お知らせ欄は「読む」か「見る」か

　自治体によって、各課の細かい情報を載せるお知らせ欄は縦書きと横書きに分かれています。求めている効果と、読み手(ターゲット層)によって、縦か横かを決めればよいでしょう。一方、左綴じ右開きの場合は、必然的に横書きになりますが、右綴じ左開きの広報紙では、巻頭特集は縦書きなので、途中から横書きになることを嫌ってお知らせ欄も縦書きにしている自治体も少なくありません。

　考え方の基準としては、**お知らせ情報を「読む」のか「見る」の**かです。

■ 若年層はスマホで情報を得ている

　筆者のおすすめは「横書き」です。縦書きのお知らせ欄の場合は情報を「読む」形になり、横書きの場合は読むよりも「見る」形になります。横書きだと、イベント情報など、日時・場所・問い合わせ先などを箇条書きにできるので、パッと見て全体の情報が目に入りやすくなります。スペースも小さく済むことが多いです。

　また、**スマホの普及により、横書きの情報を読むのに慣れている**こともあって、特に若年層をターゲットにしている場合は横書きがよく、縦書きになじみがある高齢者が多い、新聞のように縦に情報を読む住民が多いなどの理由があれば縦書きがよいという考え方ができます。

◎横書きの方が情報を多く載せやすい

　縦書きは、行間が広くないと読みにくくなるので、紙面のスペースを圧迫します。一方で、横書きは1行が短く、行間を詰めても可読性を保てるので、お知らせ欄は横書きをおすすめします。広報に異動した初年度（2011年）当初は縦書きでしたが、翌年6月以降は横書きにデザインを変えても苦情はありませんでした。

横書き

認知症を正しく理解し、認知症の人や家族を温かく見守る応援者「認知症サポーター」を養成する講座です。
▶**日時**：10/12㈬ 14:00 ～ 15:30
▶**場所**：佐久間公民館ホール
▶**料金**：無料 ▶**定員**：40人
▶**申込方法**：公民館センターまで電話・窓口で申し込み。
🏛 社会福祉課 ☎188・189

縦書き

認知症を正しく理解し、認知症の人や家族を温かく見守る応援者「認知症サポーター」を養成する講座です。
▼**日時**：10月12日㈬ 午後2時から午後3時30分
▼**場所**：佐久間公民館ホール
▼**料金**：無料 ▼**定員**：40人
▼**申込方法**：公民館センターまで電話・窓口で申し込み。
🏛 社会福祉課 ☎123・124

▲同じ内容でも行間を詰められる横書きの方がコンパクトにまとまって見える。横書きの方が使用面積が少なく済む。また、縦書きでは日時を「/・：」などの記号で表現しにくいので、文字数が多めになるのも考慮するとよい。

POINT

左開きの場合、お知らせ欄の開始は右上にします。またカテゴリー分けをしてしまうと、うまく埋まらなくなるので、「こども」「イベント」「募集」などと分けずに、アイコンですみ分けをすることをおすすめします。

なぜ必要か理解しよう

UDフォントを活用する

明朝体で痛みを感じる人もいる

　公務員として、障害者差別解消法の合理的配慮をしなければならず、それに基づいて、お知らせ欄も考慮しなければなりません。例えば、先端恐怖症のうち一部の人にとっては、明朝体で跳ねている箇所が「突き刺さるように感じて目が痛い」と感じるので配慮します。

　また、**明朝体は横に細いため、横書きの場合にはゴシック体よりも読みにくい**という特徴もあります。明朝体＝縦書き（小説など）、ゴシック体＝横書き（おしらせなど）と覚えましょう。

ゴシック体は均等に太くUDの配慮も

　これらを勘案し、お知らせ欄では「UDフォントのゴシック体」を使うことを強くおすすめします。**文字ばかりのお知らせ情報欄だからこそ、文字に気を配る必要がある**と考えるのです。

　また、ゴシック体は文字が均等に太いので、横書きでも見た目にストレスを感じません。さらに、跳ねている箇所も先端が細く尖っていないので、先端恐怖症の人も不快な気持ちにならないのです。私は、お知らせ欄は「UD新ゴ」だけ使い、太さと大きさの緩急をつけて紙面を作成していました。

◎UDフォントの特徴

下記で紹介している文字の大きさは全て100Qで同じサイズですが、UDフォントの方が大きく見えます。

◀1文字分の枠を目いっぱい使って大きくしている。画数が多くても文字がつぶれない。

◀濁点、半濁点の視認性を高めるために切り込みを入れ、点を大きくして誤認を防ぐ。

◀6や9は、間口が小さいとにじんで「8」に誤認する可能性があるため、間口を大きくしている。

MSPの「P」ってなに？

P＝プロポーショナルの略。P付きと言われ、1文字ずつ計算された幅のフォントです。Pがないとすべての文字が等間隔となります。

和文は縦：等幅、横：P付	英数はP付がおすすめ
	幅が同じできれいでない。
	文字ごとに幅を調整しているのできれいに見える。

実写を回り込ませる

文字だけだと飽きてしまう

パッとお知らせ欄を見たとき、**文字ばかりだと読む気が薄れてしまいます**。そこで、紙面に緩急をつけるために画像やイラストを活用しますが、イラストよりも実写を使うことをオススメします。

その理由は、イラストよりも実写の方が訴求力が高まる傾向があるためです。リアリティがあるので説得力もあり、見た目もスタイリッシュになります。

記事の内容に合う写真は、担当課から提供してもらうか、過去に撮影したものを使う、ぱくたそなどフリー素材から活用するなどしましょう。

文字の回り込みで見た目を変える

画像に沿って文字を回り込ませると、曲線がスタイリッシュに見えるので見た目がかなり変わります。

また四角い枠の画像と比べると、直線的でなく凹みの部分があり、そこに文字を入れられるので文字を削らずに画像を入れたいときに便利です。

とっつきにくいお知らせ欄だからこそ、積極的に画像を使って、手に取って読んでもらえるようにする必要があります。ただ画像を入れるだけでなく、回り込みなど工夫をして見た目を変えてみましょう。

◎実写を入れると効果的

　切り取りはPhotoshopの被写体選択で簡単にできます。以前はパスでなぞっていましたが、今はAIが輪郭を自動選択してくれるので、手間をかけずにハイクオリティなお知らせ欄を作れます。

J-ALERT& 速報訓練

災害時に J-ALERT から送られてくる国の緊急情報が正しく届けられるかの訓練を実施。
▶**日時**：10/21（日）10:00 ごろ
▶**放送内容**：（チャイム）「こちらは防災さくまです。ただ今から訓練放送を行います。」（緊急地震速報チャイム音）「緊急地震速報。大地震です。大地震です。これは訓練放送です。」※ 3 回繰り返し「これで訓練放送を終わります」。（チャイム）
🏢 危機管理課 ☎ XXX-XXX-XXXX

---

baby with ヨガ教室

子育て中のお母さんのためのヨガ教室です。子どもと一緒にヨガを楽しみませんか。
▶**日時**：毎月 2・4 木曜 10:40 ～ 11:50
▶**場所**：佐久間総合体育館 3F 研修室
▶**対象**：ベビー / 新生児～ 2 才、母 / 産後 4 週間後、帝王切開の人は 6 週間後以降 ※主治医、家族の同意で参加
▶**内容**：ベビーマッサージ、ベビーヨガ、ママのヨガ
▶**料金**：無料
🏢 総合体育館
☎ XXX-XXX-XXXX

きてね！

POINT

文字の回り込みをすると直線的でなく、曲線で柔らかい印象になります。気を付けなければいけないのは、ビジュアルを気にしすぎて読みにくくなることです。バランスを見ながら適宜画像を入れるようにしましょう。

05 決まりを作って楽に編集

ページと住民依頼記事は固定する

お知らせ情報はページ数を固定する

　毎月お知らせ情報欄に載せる記事数はばらつきがあるので、自治体によってはお知らせ欄のページ数が増減するところもあります。そこで「自由にページ数を変えていい」と思われてしまうと、際限なく各担当課から原稿依頼が出てくることもあります。国や都道府県からの掲載依頼などは、地域の情報よりも優先度は低いにもかかわらず、どうしてもと載せようとする担当課も少なくありません。

　それを防ぐために、**お知らせ欄の毎月の平均のページ数を算出して、その数でページを固定化し、記事数を絞り込むことが大切です。**

住民やサークル団体の記事数も固定化する

　一方、住民やサークル団体からの掲載を受け付けるケースもあります。筆者も当初は、依頼が来たら全て掲載していましたが、文字数にばらつきがあったり、年に何度も載せたりするときもあり、広告掲載との兼ね合いからも公平とは言えませんでした。そこで、こちらも毎月の平均を出して「ひと月住民からの掲載は先着４枠。年１回のみ。100文字以内」とルールを決めて、公平性を保つ工夫をしました。

　紙面は限りのあるもので、なんでもかんでも載せられません。枠を固定化し、その範囲内でやるルールを浸透させましょう。

◎住民からの掲載依頼は制限を設ける

　お知らせ欄などで、掲載依頼時のルールを記載しておきましょう。またウェブサイトにも掲示しておくとよいでしょう。

▌住民からの掲載のルール周知の文面例

> 宗教団体・政治団体・営利目的の投稿はご遠慮ください。１団体につき年間１回まで先着順で掲載できます。
>
> ◆見出しを含み 100 字以内。要点のみの掲載となる場合もあります。
>
> ◆紙面の予約は前々月の 10 日まで受け付けます。予約は先着順（土・日・祝日の場合はその前日）。毎月４枠内。
>
> 【申込み・問い合わせ】広聴広報課 ☎ XXX-XXX-XXXX

▌掲載例

市民フォトグラファー ふるさとの風景写真展

市民が撮影した風景写真展。会員募集中。定例会は毎月第二火曜。
🗓 11/29㊎〜12/8㊐
所 佐久間公民館ロビー
問 佐久間☎XXX-XXX-XXXX

←見出しも入れて 87 文字

◀イベントや自主勉協会、サークル員募集などが多い。日時や場所、料金、問い合わせなどは🗓のように記号化して１文字でも削る。

POINT

メールやSNSでやり取りできない高齢者からの掲載依頼は、校正をするときに、電話で内容を伝えて確認してもらうしかありません。留守のときはFAXで送って確認をしてもらいましょう。

読み手がハッとするしかけ

呼びかける&聞いてみる

「～の皆さんへ」と呼びかける

届ける相手に、自分の情報だと真っ先に伝わるようにするには、「～の皆さんへ」や「～のあなたへ」のように呼びかける方法が有効です。

呼びかけるパターン事例

- 新型コロナで売り上げが減少した事業者の皆さんへ
- デザインを学びたいと思っているあなたへ
- ○○でお困りのかたへ　・○○でお悩みのあなたへ

「ご存じですか」と聞いてみる

人は知らない情報を知りたがります。その心理を利用して、「ご存じでしたか」と聞いてみると、知らない人は「何だろう」と興味関心を示します。それを利用した見出しを作ってみましょう。

聞いてみるパターン事例

- クレジット決済で納税ができることをご存じでしたか？
- コンビニで住民票が発行できることをご存じですか？
- 自慢の品を全国にPRしませんか。

◎王道の2つのパターンを活用する

呼びかけてみる	聞く・伺ってみる

　〜の皆さんへと呼びかけてみるパターンは見出しとして紙面の中で一番大きな文字のサイズ、太さにすると目につきやすいのでジャンプ率を意識して配置しましょう。

POINT

この2つのパターンは、広報紙のお知らせ欄だけでなく、通知書やチラシ、ウェブサイトの見出しなどで大きな効果を発揮します。全庁的にこの方法を浸透させるようにしましょう。

数字・倒置法、助詞を取る……

印象に残る 言葉の生み出し方

数字を使う

　「〜など」「様々な〜」のように抽象的な表現だとイメージがしにくいので、数字を使い、具体的にしてイメージの解像度を上げることができます。

数字を使うパターン事例

- 特定検診を受けた人は2年連続90％
- 65歳以上の事故が前年比2割も増加
- 布マスク2枚郵送の4つの疑問

倒置法にしてみる

　「○○は▼▼です」のように主語＋述語にするのはセオリーですが、「▼▼です、○○は」と通常とは逆の述語＋主語のようにする倒置法にして印象を変えることができます。

倒置法のパターン事例

- デザインを学びたかった、わたしは。
- このまちが好きです、わたしたち。
- 知らなかった、まちの魅力。

「が」「は」は取る

　主語に使う「〜が」「〜は」などの言葉を思い切って取り、「、」に置き換えると印象が変わります。

「が」と「は」を取るパターン事例

- 私は元気です→私、元気です。
- 力がみなぎる→チカラ、みなぎる。
- 「が」「は」を「、」に置き換える

不安をあおる

　振り込め詐欺や滞納者などへの強い啓発をする場合は、不安をあおると訴求力が増します。

不安をあおるパターン事例

- 本当に大丈夫ですか
- 差し押さえされるかもしれません
- 私だけは平気と思っていませんか

POINT

　見出しを作るときは、インパクトや印象に残る言葉を入れることがポイントです。

「自分事」と思う言葉の作り方

住民の声を借りる

行政が言いにくいことなどを、住民の声を借りて見出しにすると、共感を生みやすくなります。

住民の声を入れるパターン事例

- ・「窓口対応が悪い」を改善
- ・「便利になりました」の声が多数
- ・「このまちが好きです」

事実を述べる

見出しでズバリと事実を述べて、興味関心を引く方法があります。シンプルにすることで、余計な情報がないので、頭に入りやすいのがポイントです。

事実をいうパターン事例

- ・医療費控除は10万円以上からです
- ・クーポン券が必要です
- ・世帯分離にはリスクがあります

意外性のある言葉を使う

普通でない意外な組み合わせにすると、驚きから興味を惹きつけることができます。

意外性のあるパターン事例

- 公務員YouTuberとして副業可
- 飲むポテトチップスを産官学連携で開発
- 埼玉で海水浴?!コロナ禍の新しい試み

単語を重ねる

2つの単語を重ねる方法があります。英語にしたり、単語のなかから漢字を取り出して並べるなど工夫をしてみましょう。

単語を重ねる事例

- 家に留まる→stayhome
- 沈黙＋食事→黙食
- 都会＋田舎→トカイナカ

POINT

見出しを工夫することは、人の行動心理を活用して小さなことで大きな効果を生む「ナッジ理論」のひとつでもあります。

オシャレに響く！

読点・句読点&カタカナを使いこなす

読点と句読点を使う

　口に出して読んだときに、余韻が感じられるようなイメージで読点、句読点を入れてみます。

読点と句読点を入れるパターン事例

・命に感謝→命に、感謝。　　・私は元気です→私、元気です。

・認知症を自分ごとに→認知症、じぶん事。

・愛しさ募る→愛しさ、募る。

カタカナにしてみる

　言葉を全てカタカナにすると少し近未来感が出たり、スタイリッシュに感じます。ありきたりで面白味がないと思ったら、ひらがなや漢字を思い切って全てカタカナにしてみましょう。

カタカナにするパターン事例

・とかいなか→トカイナカ

・ときめく未来→トキメクミライ

・思いで光る→オモイデヒカル

◎テクニックを使った特定健診のキャッチコピー

　某自治体で実施した研修時に、受講者が即席で作った特定健診の
キャッチコピーです。参考にしてみてください。

ポッコリお腹に気付いていますか？	家族とあなたの未来につながる
最近、お酒飲みすぎてませんか？	受けよう、特定健診
忙しい、面倒だ、思うのは一瞬	あなたの家族のために、 受けてみませんか。
まだ大丈夫、と思っていませんか。	その一杯、肝臓は悲鳴をあげています
忙しい、面倒だ、思うのは一瞬。家族守るのは一生。	「若いから病気なんて無縁」安心していて大丈夫ですか？
いまのあなたをキープするために。	受けてよかった、家族のために。
ご存知ですか？身近な病院で検診が受けられます。	まだ大丈夫、と思ってるそこのあなたへ。
〇〇円の検診が無料で受けられます 面倒だからとさけてませんか？	すぐそこの病院で特定検診受けてみませんか
家族に安心あたえる、特定健診	検診で安心を
子供のためにも、少し手助けをさせてください。	まだまだ元気って思ってませんか。 実は、30代は、成人病の入口
毎日忙しいあなた、自分の身体気になりませんか？	忙しいあなたへ 家族を守るための検診受診しませんか？
わずかな時間で、お子さんとの未来を守りませんか？	安心な生活を送るコツ
半日の検診であなたの未来が決まる	気付いたときには、でぇーれぇーしんどいで。
早めの健診が守ります、大切なご家族との時間を。	私は受診します。もう30代だから。
格好いいお父さんのままで	受診するなら今でしょ！！
特定検診、じつは面倒じゃありません。	家族を守る　第1歩

POINT

　印象的なキャッチコピーを作るときには、ゆっくりと口に出して読んでみましょう。

しくじり広報先生 **5**

パンチ穴事件

　広報紙を綴るため、パンチ穴を開けている自治体が少なくないのではないでしょうか。私の自治体の広報紙もパンチ穴がありましたが、事件が起きました。表紙に登場した人物の喉の位置に、パンチ穴が空いてしまったのです。位置の確認を怠ったのが、しくじりでした。

　これは、議会の一般質問にも挙げられるなど、大問題になりました。しばらくはパンチ穴の場所を意識してレイアウトを組んでいましたが、一方で、ページをまたいで写真を大きく使ったり、全面写真を使ったりしたいときに、パンチ穴があると表現の幅が狭まり、制約がかなりあることに悩みました。そこで、思い切ってパンチ穴をやめようと思いつきました。しかし、やり方を急に変えると、面倒なことになるのは明白です。

　そこで、「コストを抑えた読みやすい広報紙」であればよいと考え、パンチ穴にかかる費用を算出しました。一部当たり1円くらいのコスト×1万6千部≒1万6千円、12ヵ月で約19万2千円のコストが削減できます。

　また広報紙には、議会だよりや社会福祉協議会の冊子などのチラシを挟み込むことがありますが、手に取ったときにバラバラと中身が落ちてしまうことがあります。そこで中綴じのコストを業者に聞くと、「通常は中綴じにするのが当たり前で、自治体さんの冊子はわざとホチキスの芯を抜いてその工程を通しているので、中綴じにしてもコストは同じ」との意外な答えがありました。ホチキスは燃えるゴミで出せるので、環境の配慮もクリアできます。このように、さまざまなメリットがあるので、冊子を中綴じにしました。

　裏表紙には、▶でパンチ穴を開けるガイドを作り、穴を開けたい人の目安にするようにしました。それでも、「なんでパンチ穴をやめたんだ！」とお叱りを受けることもありましたが、コストや狙いを丁寧にお話しすると、皆さん納得してくれました。

6章

広報紙の良し悪しが決まる！

取材の仕方・特集記事
の作り方

一流シェフのススメ

広報作りは料理作り

晩ご飯がカレーのとき、①「カレー」に決める、②ルーや野菜などの素材を集める、③調理する、④盛り付ける、という４つの流れがあります。

①＝企画、②＝取材、③＝文章や見た目、④＝デザインレイアウトと置き換えると広報のプロセスと同じだと分かります。

また、誰にカレーを食べさせたいのかを考えたとき、子どもだったら甘口にするという工夫をしますよね。それと同じで、広報では子どもでも分かるようにする、という考え方で工夫します。ターゲットを絞ることが大事なポイントです。

素材を活かして、シンプルにする

良い素材でも、調理方法を誤るとまずくなってしまいます。例えばこれは、広報・情報発信でいうところの「あれもこれも情報を載せすぎてしまう」ことです。料理で調味料を色々と入れすぎて、よくわからない味にしてしまうのと同じです。また、料理でいう「盛り付け」、つまり広報でいう「見た目」も重要です。

良い事業をしていても、調理や盛り付けをしっかりしないと、興味を持ってもらえません。素材を活かして、メインディッシュをしっかり引き立たせるためには、要点を絞って、シンプルにすることが大事です。

◎ 見た目が悪いと見てももらえない

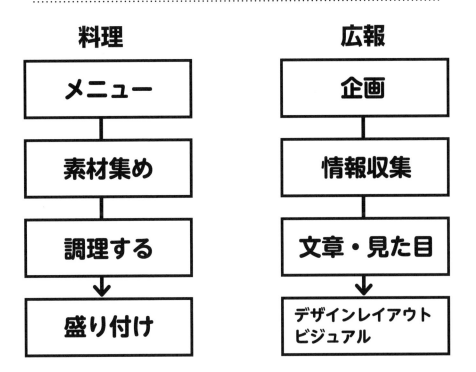

いくら美味しい料理でも、見た目が悪いと食べる気がしないのと同じように、広報もいくら良い情報でも工夫をしなければ見てもらえません。

POINT

裏を返すと、味が悪くても「盛り付け」が綺麗で美味しそうと思ってもらえたら口に運んでもらえます。ビジュアルやレイアウトが良ければ、内容にかかわらずまずは見てもらえるのです。

取材で失敗する前に！

レイアウトをまず決める

白紙から取材するとキリがなくなる

　筆者が広報担当になり巻頭特集を作っていた当初は、特集の企画が終わったら取材をしたり、写真を撮りに行ったりしてから紙面の構成を考えていました。しかし、白紙から作ると「あれも入れたい」「せっかく取材したからこれも載せたい」とキリがなくなり、時間だけが過ぎて非効率でした。

　その反省から、まず**仮にレイアウトを作ってから、どのくらいの分量か、何を撮影すればよいのかを事前に考える**ようにしました。

広報紙作り以外の業務もある

　広報担当は、広報紙だけ作ればよいものではありません。質の高いものを効率的に住民に届けながら、SNSやウェブサイト、プレスリリース、記者対応もしていかなければなりません。

　効率的に特集を作るには「企画とレイアウト」が非常に重要です。まず、紙面に企画から浮き彫りになった入れるべき情報がどれだけ入るのかを考え、文字量や必要な写真を配置していきます。

　重要なのは「引き算」をしながらデザインすることです。住民が知りたい情報が優先順位の上位だということは、忘れないようにしてください。

◎ レイアウトを決めて分量を把握する

　メインの写真は何を撮ればよいのか、どのくらいの分量の文章を書け
ばよいのか、誰に取材をすればよいのかなどを可視化するために、ラフ
で良いので仮のデザインレイアウトを一番最初に行います。

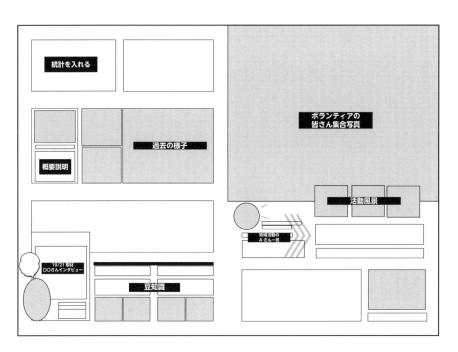

密度の濃い時間にするために！

取材の下準備をする

ネットや関連部署で事前に情報を集めておく

　取材対象者に連絡する前に、必ずその人や企業、お店について事前に調査します。著名な人はウェブで確認できますし、地域住民や企業であれば、自治安心、生涯学習、保健センター、観光産業などの部署に必ず詳細を知っている職員がいるはずです。

　そこで、**大人の事情で掲載できない人、違反建築だから取り上げにくいなどの課題が分かる**場合もあります。また、言いにくいことではありますが、首長や庁内の○○さんと仲が悪いから取り上げられないということもあるので、十分注意しましょう。

事前に何を聞くのかを決めておく

　次に、取材で何を聞くのか質問事項を事前に用意しておきます。聞き逃しを防ぐために非常に重要です。また、もしメールアドレスやSNSで繋がっている場合は、事前に質問事項を相手に提示しておく方法もあります。相手が忙しいときや、限られた時間の場合は、先に質問事項を伝えるようにしましょう。

　ただし、当日答え合わせのような取材になると、一辺倒な内容になります。雑談から面白い情報が出てくることがあるので、**用意した質問の話だけで終わらせないように注意**しましょう。

◎取材に行く前に用意するもの

取材三種の神器

カメラ	メモ帳	スマホ
一眼レフ・ミラーレスなど ISO 感度を調整できるものを用意しましょう。また、室内は暗くなりがちなので、ストロボも準備しておきます。 　メモリーカードを忘れたり、バッテリーが充電したままで本体に入っていなかったりすることもあるので注意しましょう。	取材される側からすると、ずっと目線を合わせられると緊張して話しにくくなります。メモを書いたり、質問の答えを書き込むときに目線が必然に下を向くので安心感を与えることができます。書く内容は必要最小限にして、頭に残っているものは取材後に追記します。	スマホの録音機能を使用して取材の内容を記録します。このとき、必ず相手に録音をしてよいかの承諾を得てから録音しましょう。何も言わずに録音すると盗聴になってしまいます。ビデオメッセージを録画してYouTube や SNS で後で使うなどもできます。

POINT

取材をするとき、相手の目を見るのではなく「口」を見るようにすると、じっと見られている感じをあたえません。目を凝視するのではなく、少し目線を下げて口元を見るようにしましょう。

アポイントメントの取り方

関係部署に協力してもらう

　住民に取材をしたいと思ったときは、**必ずその住民やテーマに関係する部署に確認**をします。例えば、スポーツ選手であれば生涯学習課などです。関係部署で連絡先を知っているケースが多いので、「広報で取り上げたいので、先方に連絡を取っても良いか確認していただけますか」とお願いします。

　メールアドレスや電話番号は個人情報なので、関係部署から「ここに直接連絡して」と言われても、必ず、関係部署から連絡先を広報に伝えてよいかの確認をしてもらうようにしましょう。

関係部署を飛ばさない

　取材相手が知り合いで連絡先を知っている場合でも、関係部署に話を通しておきましょう。これは、「そんな話は聞いていない」と気分を害されてしまうことがあるからです。

　もし、取材をした後、取材相手が関係部署に「この前、広報課の人が取材に来たんだよ」と話したら、あまり気持ちのよいものではありません。

　広報担当は、庁内でも根回しや気遣いが意外と重要です。**円滑に業務を行うために、関係部署の顔を立てて住民にアポを取る**ようにしましょう。

◎ 関係部署の顔を立てる

　例えば、地元の農家さんが自分の知り合いだからと直接取材を申し込んだとした場合、観光産業課の職員は「飛ばされた」「頼りにされていない」とあまりよい気持ちになりません。組織として内部の理解を得ながら仕事をするためには関係部署の顔を立てるようにしましょう。

住民に直接アポ	関係部署経由でアポ

何勝手に取材してるんだ！そんな話聞いてない！　今後広報に協力なんてしないから！

〇〇さんに連絡して取材オッケーだって。今後は広報が直接やり取りしてね。

住民本人は問題ないと言ってたけど、今後内部の仕事がやりにくくなった…。

はい！またご相談させていただくことがあると思いますが、よろしくお願いします。

POINT

関係部署の職員は「話を聞いていなかった」ことが気分を害しただけで、筋が通っていないこと自体を問題視しています。アポを取る取らないの問題ではないのです。「あなたを頼っている感」を醸し出すと、協力的になってくれるのでオススメです。

相手に期待をさせすぎない！

企画意図とラフを見せる

名刺を渡して取材の企画と意図を示す

　取材を始めるとき、まず必ず名刺を渡します。 もし名刺がなければ名札を見せて、自治体職員だということを明確にします。名刺を渡しておけば、取材後に「まだちょっと話し足りないことがあった」「誤ったかもしれないので訂正したい」などの問い合わせが来ることが多いので、できれば名刺は用意しておきましょう。

　次に「どんな企画で、このような記事にしたいのでお話を伺いたい」と言い、企画内容とその意図を先方に伝えます。

ラフを見せて取材の解像度を上げる

　全体像を伝えたら、質問をして、写真も撮影しますなど、どのような流れで取材をするのかを伝えます。いきなり話を聞き始めると、自分も相手も終わりが不透明になってしまします。

　また、**紙面予定のレイアウトを、手書きでも良いので準備しておき、それを相手に見せて、完成イメージの解像度を上げます。** 一方、取材の様子を広報紙とは別にSNSで紹介するケースもあるので、「広報紙だけでなくSNS用に写真を撮影してもよろしいですか」と一言断りを入れておく癖をつけてトラブルを防ぎましょう。

◎ 紙面に載るサイズ感を伝える

　取材される側は期待値が高いです。最初に、紙面に小さく載る程度なのか1ページ使うのかなど、サイズ感を必ず伝えましょう。

何も言わなかった場合

> せっかく資料をかき集めて用意して、取材も2時間もされたのにこれだけしか載らないのか……。

事前に伝えている場合

> 取材のときに言っていた記事の大きさの通りだ。無事に載ってよかったよかった。

POINT

事前にサイズ感を伝えるときは「小さめ」に言っておくと良いでしょう。
大きく載ると言っていたのに小さくなってしまったら、がっかり感が強くなります。その逆であればがっかりはされません。

過去・現在・未来を聞く

なぜ（過去）→だから（現在）

　取材で話を聞くときは、必ず「過去・現在・未来」を聞きます。取材をしているということは、何かしらの理由があるはずです。それがなぜかは「過去」を聞くことで判明します。その過去を深く聞いていくことで、今現在の活動の背景に厚みを持たせることができます。

　また、**「喜怒哀楽」を聞くこともオススメ**します。これを押さえておくことで、人間味が出てくるので、記事にするときに知っておきたいポイントです。

取材の最後は「未来・夢」で締める

　取材をしていると時間を忘れてしまうことがあり、なかなか終わらせられないときがあります。そんなときは**「それでは最後になりますが、これからの目標、展望、夢などをお聞かせください」**と言います。相手もこの質問が最後だと分かるので、終わりだと理解できます。

　また、文章を書くときは、ここで聞いた「未来」で記事を締めくくるのが基本です。例えば『コロナがあけたらこの大自然のなかでイベントを行いたい』と青空を見上げてＡさんは微笑みました」と「未来」を最後に持ってくると紙面がまとまります。

◎過去・現在・未来を聞き逃さない

▌例：地元出身者が甲子園に出場

過去	甲子園出場が決まった瞬間は？ いつ野球を始めたのですか？ なぜ野球を始めたのですか？
現在	辛いときはありますか？ 何をしているときが一番楽しいですか？ なぜ甲子園に行けたと思いますか？
未来	甲子園に向けての目標は？ 将来の夢は？ 住民の皆さんに一言お願いします。

例：新しく転入した地域の力になっている若い人

過去	まちに来る前はどんなことをしていたのですか？ いつからまちに来たのですか？ なぜまちに来ようと思ったのですか？
現在	今は何をされているんですか。 住んでみて、今の心境は？ 来る前と今では何か変化はありましたか。
未来	これから地域にどのようにかかわりたいですか。 将来の夢、未来について教えてください。 転入を考えている皆さんと地域の皆さんに一言

POINT

過去・現在・未来を聞いておけば大概の記事は書けますが、雑談のなかで面白い話が出てくることが多いので、状況に応じて柔軟に話題を変えて相手をリラックスさせましょう。

インタビュー写真は 「バランスボール」で

基本は一人で取材に行く

　雑誌などでは、ライターとフォトグラファーが別々ですが、自治体広報担当は一人でこなさなければならないことも多いでしょう。話しながら写真を撮るのは最初は難しく、動きがなく面白みに欠けるインタビュー写真になりがちです。

　そのため、取材が終わった後に写真撮影をするのですが、「こっち向いてください」「笑顔でお願いします」などと指示しても、**自然なポーズを撮るのは難しい**ものです。

自然なポーズを引き出す方法

　そこで、自然なポーズを引き出すためには、手の動きを出してもらうことが有効です。そして**手に動きを出すときは、仮想の何かを見立てて持ってもらう方法が便利**です。例えば「中学校の頃に手にしていたバスケットボールの大きさ覚えていますか？　どれくらいでしたっけ？」などと聞いて、実際にやってもらうと、手に動きのある写真が撮れる、といった形です。

　また、空中に何かを書いてもらう方法も有効です。例えば「お孫さんのお名前はどんな字を書きますか」と聞けば空中に文字を書くので、その瞬間に連写するのもよいでしょう。

◎ 自然なポーズを撮影する方法

あまり動きのない人の場合、下記の質問をしたらすぐにシャッターをたくさん切ると自然なポーズを撮影できます。

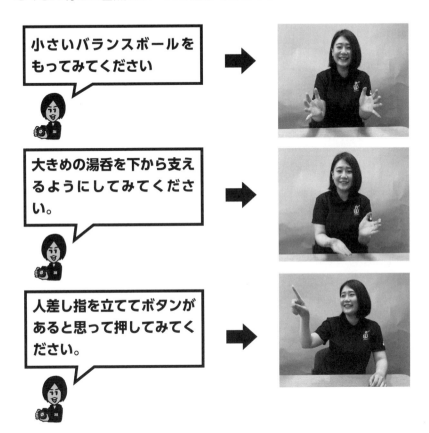

POINT

真正面だけでなく少し角度をつけて撮影もしておきます。正面より斜めの方向です。紙面でどのように使うか分からないので、必ず左右からも撮影して後で後悔しないようにしましょう。

特集記事企画を立てる

特集のネタは施政方針と総合計画から

　ほとんどの自治体では、巻頭特集を1ページから、多いところは10ページ以上組んで掲載しています。特集のネタのヒントは、「施政方針と総合計画」です。

　まちが進んでいく方向性、行う事業に対し、住民や地域がどのように関わっているのか、いくのかを絡ませます。例えば、紙面に住民の声として登場してもらうなど工夫をして、とっつきにくい内容でも、興味を持ってもらうようにします。

行政自慢は×　住民が主役の広報を

　特集で興味を示してもらうためには、「住民が主役」だということが重要なポイントです。以下のような基準で考えましょう。

　×　行政はこんなことをしています！

・うちのまちは先進的な事業をこんなにやってます！

・こんなに住民に対してサービスを提供してます！

　〇　まちの課題を住民と（が）解決している

・皆さんの節水の協力でSDGsに繋がった

・地域のボランティアが防災防犯の予防活動を実施

◎旬の話題と地域ネタを織り交ぜる

■年間の特集アイデア例

　他にも選挙・消防・防災防犯・健康長寿・健診・予算・決算・人事行政など、地域の住民と絡め、雑誌とは違う「オンリーワン」の特集にする。

1月…年頭のあいさつ・確定申告	7月…新規採用職員募集
2月…成人式	8月…地域の祭り
3月…障害者差別解消法・卒業	9月…敬老の日・防災の日
4月…施政方針	10月…食欲の秋・地域の食
5月…子ども関係	11月…スポーツ・読書
6月…認知症・水道週間	12月…クリスマス

　▲PR TIMESのサイトでプレスリリースのキーワードランキングを調べることができる。月ごとに何が流行っているのかを調べて特集記事のネタ探しをしてみるとよい。

■PRTIMESの年月別キーワードランキングの調べ方

https://prtimes.jp/topics/keywords/ranking/202 ●-●●

※●の部分には西暦と調べたい月の数字を入れて検索する（例：2021-05）

POINT

まちが伝えたい情報と住民の知りたい情報にズレがないように注意しなければなりません。伝えたい特集が住民の知りたい特集なのかをしっかりと考えましょう。

09

4つの流れをチェック！

問題提起から課題解決

■ 問題提起から回収・結論

　特集では、ページ数にかかわらず、「起承転結」がセオリーです。紙面に余裕がない場合は「起結」でも問題ありません。ポイントは**起＝問題提起をし、その理由を裏付ける話をして結＝回収・結論に持っていく流れ**にすることです。最後に未来を載せるとさらに理解しやすくなります。問題提起するネタはp125から考えて肉付けをしていきます。分からないことは、関連部署に取材をしましょう。

■ 例えば確定申告で考えてみる

　この流れは、地域の特集のみならず行政情報を届けるときにも有効です。例えば、確定申告であれば下記の通りです。特集記事のみならず、情報を伝えるセオリーなので、覚えておきましょう。

課題	分かりにくいと言われている。
なぜか	申告書が分かりにくい・いつからか分からない
だから	申告書の記載例・2月15日から一般は3月15日まで〇〇の会場で受付をしています。
未来	わざわざ来なくてもe-taxやスマホで簡単に申告できるようになったのでご利用ください。

◎佐久間式の４つの流れで考える

例：水道週間の特集をするとき

参考：筆者特集作成「広報みよし令和元年６月号」特集「ミズノコト」

問題提起 （起）	なぜ〇〇なのだろうか。
	なぜ水は当たり前にあるのだろう。なぜまちの水や川は綺麗なのか。
裏付けと転換 （承）	なぜなら〇〇だからだ
	なぜなら安心安全な水を水道局が供給している。また、地元の環境保全団体の協力がある。
回収・結論 （転）	だから〇〇は〇〇なのだ
	川からの水を浄水場で綺麗にしている。地元ボランティアが定期的に川を清掃している。だからまちの水は綺麗に保てている。
未来 （結）	今後は〇〇になる。●●を考えて。
	水をきれいにすることは海や川の保全につながりSDGsの６番目の取り組みにもなる。この水道週間は節水や水について考えて。

POINT

ページ数が１ページの特集でも、「なぜそれを載せるのか」「読んでもらうためにはどのように工夫をすればよいのか」「どう読んだ人の行動変容に繋がるのか」も考えることが大事です。

10

「なぜその店だけ…」を防ぐ！

公平性を保つ方法

▎住民が主役だから「人」にスポットをあてる

「自治体広報」という立場で商品やお店の紹介をすると、「なぜその店だけ」「不公平ではないか」と言われることがあります。

これは**「公平性」を問題視されている**わけなので、公平性を保つための工夫をしましょう。それは、商品やお店の紹介ではなく「人」を紹介することです。例えば、パン屋さんだとしたら「このパンを作っている住民の〇〇さんは、地域のためにこんな活動をしています」という形で「この人の作っているパンを食べたい」と共感を生むようにして、結果としてお店や商品に興味を持ってもらうのです。

▎大義名分が重要　長に許可を得る

だから、商品の価格などは載せません。買ってほしいではなく、「あの人に会いに行きたい」「あの人が作っているものを手にしたい、食べたい」と想いに共感を生む文章やデザインにします。

一方、「人」に着目するからには「なぜその人なのか」の大義名分が必要です。商店街のなかの一つのお店であれば商店会長、会社や企業であれば商工会長、農業振興協会などは協会長など、**所属している会の長に広報で取り上げてよいかの確認と承認**を得ます。また、関連する課にも取り上げることを伝え、この人でなければならない理由を固めましょう。

◎大義名分となぜかの説明が必要

■ 例：とある商店街のお店の人を紹介した場合の大義名分

> なぜあの人だけ広報で取り上げたんだ！ずるい！同じ商店街に店を出しているのに不公平じゃないか！

> この紹介がきっかけで商店街に足を運ぶ人が増えたら、結果としてあなたのお店にもメリットがありますよね。

> あ、確かに。

POINT

住民アンケートの広報で取り上げてほしい情報で「まちのお店やグルメ」が上位に来ることが多いです。住民のニーズもあることなので、工夫をして届けるようにしましょう。

しくじり広報先生 ❻

土下座事件

　私が広報改革をするにあたり、最低でも毎号４ページは巻頭特集を組みたいと考え、それまで慣習的に載せていたものを見直すことにしました。その中で注目したのが、住民から寄せられる俳苑・歌壇の欄。当時の自分は、「若い人たちは読まないんだから、廃止してもよいだろう」と考えたのです。

　Ａ４ページの半分近くをそれが占めていたこと、広報紙のアンケートの結果を見ても、毎号楽しみという声もなかったこと、載せている人は毎回同じで、限られた人の発表の場として広報紙が使われていることなどから見直して、廃止の方向で進めて起案をしました。そして取りまとめている団体によろしいかお伺いを立て、代表の方に簡単な説明をして、要旨を事前に伝えてから団員の皆さんに説明しました。しかし、ここでしくじり。代表が良しと言ってもひっくり返ることがあるのです。

　皆さんが集まっている場で、紙面に限りがあり、広報紙を改革していくために俳苑や歌壇を廃止したいと話しました。その瞬間、団体の皆さんからメチャクチャに怒られました。理由は、「私たちの生きがいを奪うのか」といったものです。確かにおっしゃる通り、広報に自分の名前が載るのは嬉しいことだとわかる一方、住民の皆さんの税金で作る広報紙を私物化するのは良くないので、くい下がりましたがダメでした。「こんな屈辱的な話をされたのは初めてだ」「首長と知り合いだ」など、いろんなことを言われながら、「不快な思いをさせてしまいすみませんでした」と土下座をして謝罪しました。

　最終的にはそれまで20句だったものを18句に減らすよう交渉し、削除には至らずでしたが、デザインレイアウトの工夫や、UDフォントを使って、該当箇所のスリム化にも成功しました。団体との交渉は、根回しや下調べが大事だと学んだしくじりでした。

7章

「こう撮りたい！」を形にする

カメラを使った
広報写真の撮り方

知れば撮影が楽になる！

カメラの用語と種類を押さえよう

各種用語を覚える

　カメラの製造元で名称が異なりますが、押さえておきたい設定用語はおおむね下記のとおりです。

- ・P/AUTO＝カメラが自動で調整してくれる
- ・A/AV＝絞り優先
- ・S/TV＝シャッタースピード優先
- ・M＝マニュアル
- ・ISO＝明るさを調整
- ・露出補正＝明るさを補正

ピントを合わせるフォーカスモードは2つを覚える

①AF-S/ワンショットAF　シングルAFサーボ

　静止している被写体の撮影に適しています。シャッターボタンを半押しすると、ピントが合った時点で焦点が固定されます。ピントが合っていないときはシャッターはきれません。

②AF-C/サーボAF　コンティニュアスAFサーボ

　ファインダー内のピント表示（●）がいったん点灯してもフォーカスロックはされず、シャッターをきるまでピントを合わせ続けるモードです。スポーツなど動きのある被写体の撮影に適しています。

◎用途によってカメラを使い分ける

　カメラのタイプによって、メリットとデメリットがあります。使用する頻度や予算なども勘案して、どのタイプを選ぶのかを課内でしっかりと考えましょう。

	一眼レフ	ミラーレス	コンデジ	スマホ
難易度	高	やや高	中	低
値段	高	やや高	中	本体は高
重さ	重	やや重	軽	めちゃ軽
画質	高画質	高画質	普通	機種による
使用シーン	全て ポートレート 風景	全て ポートレート 風景	スナップ写真 風景	全般
メリット	画質が良い 暗いところに強い レンズ交換ができる	画質が良い 軽い レンズ交換ができる	軽い 知識が必要ない 安い	軽い すぐ撮影できる 編集ができる
デメリット	高い / 重い かさばる 知識が必要	高い レンズが高い 知識が必要	画質が悪い できる範囲が狭い	画質が見劣りする 印刷すると×

> **POINT**
>
> 　近年、軽くて高画質なミラーレス機が登場しています。以前は一眼レフの方が高画質で、暗い所でも明るく写せる優位性がありましたが今は差がほぼありません。マウントアダプターがあれば、互換性のある一眼レフのレンズをミラーレス機で使うこともできます。

まずは絞りと露出だけでOK

絞り優先でF値を最小値にする

最初からマニュアルで撮影する必要はありません。無理に難しいことをすると、写真撮影が楽しめなくなります。ポイントは楽しく撮影することです。

そのためには**簡単にそこそこの写真を撮る方法を覚えましょう**。まず①絞り優先モードにして「絞りのF値を最小値」にします。次にISO感度です。②室内は3200、屋外は天気によりますが400-1600に設定し、③明るさの微調整は露出補正で行います。

明るさはISOと露出補正で調整

上記の設定で、明るすぎたり暗すぎたりする場合は、基本は露出補正で調整します。ISO感度は上げ過ぎるとノイズが出ますが、今は性能がよいので、表紙や紙面全面など大きいものでなければISO6400まで上げても問題ありません。**伝わればよい**のです。

「絞り」「ISO」「露出補正」でそこそこの写真が撮れるようになります。後は、沢山シャッターをきりましょう。シャッターをきった数だけ自分の経験値があがりレベルアップしていきます。

失敗を恐れずに3つの設定だけ押さえて撮影できるようにしましょう。

◎ 設定による明暗の仕組みを理解する

　撮影した写真をチェックしたときに真っ暗だったり、真っ白だったりするときがありますが、原因を知っていれば安心です。なぜ暗いのか、なぜ明るいのかの理由は「絞り」「ISO」「シャッタースピード」の3つにあります。

▌絶対に知っておく！

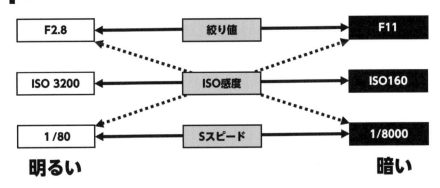

暗い原因＝ ISO が低い /F 値が高い /S 値が多い
明るい原因 =ISO が高い /F 値が低い /S 値が少ない

POINT

マニュアルでないと邪道のような風潮がありますが、そんなことはありません。住民の皆さんに想いが伝わる写真が撮れれば、どんな設定でもよいですし、スマホでもよいのです。マニュアルで撮ることは手段であり、目的ではありません。

ボケをコントロールする

ぼかすためには2つの方法がある

ぼかすためには2つ方法があります。1つは「F値1.4〜2.8のような明るいレンズを使う」こと。2つ目は「望遠レンズを使う」ことです。

明るいレンズを使うと、簡単に背景をぼかすことができますが、レンズの値段が高いのがネックです。自治体が高いレンズを用意するのは難しいので、**「望遠レンズ」を活用する**方法を覚えましょう。

離れて望遠側で撮影する

まず、目いっぱいズームを望遠側にします。そして、捉えたい被写体とぼかしたい背景の距離を置き、離れて撮影をします。すると、被写体はクッキリし、背景はボケます。

近くで撮影

F3.5　1/2500秒 ISO400　18mm

望遠側で離れて撮影

F5.6 1/400秒 ISO500 200mm

◎ ボケをコントロールする

手前ボケ

◀葉っぱや花などをレンズに触るくらい近くにして、目いっぱい望遠側にして遠くの被写体を撮ると、葉っぱや花などがボケる。

背景ボケ

◀ぼかしたい背景との距離を遠くし、ピントが合うギリギリまで被写体をレンズに近づけて撮影すると、F値が小さい高いレンズでなくてもボケさせることができる。

圧縮効果

◀望遠側で撮影すると被写体と背景の距離が近くなる。イベントなどでにぎわっている様子を撮影するときに便利。

> **POINT**
>
> 望遠レンズを使ってズーム側で撮影すると、手振れしやすいので注意します。また、スマホでもぼかしたいものを手前に、レンズに触るくらい近づけて撮影するとぼかせるので試してみましょう。

04 のっぺりした画にならないように

ストロボは上に向ける

ストロボは正面に向けない

　外付けのストロボは、向きを変えることができますが、室内だと暗いからと被写体に向かって直接ストロボを打ってしまいがちです。ストロボを正面に向けると、顔の全面に光があたり、陰影がないためのっぺりした印象になって、影が強く出すぎるなどの問題があります。

　やわらかい印象を与えたい場合、人物撮影の場合は、ストロボの向きを正面ではなく、**天井に向けて撮影**します。

天井バウンスで肌をきれいに撮影する

　ストロボを天井に向けると、光が天井にあたって拡散されるのでやわらかい光になり、自然な写真を撮影できます。天井にストロボをあてて光を拡散させることを「天井バウンス」と言います。直接被写体にストロボをあてたときと比べて、**くっきりした影が消えて自然な仕上がりになるので、室内では天井バウンスで撮影**しましょう。

　一方、TTL機能のあるストロボは、距離やカメラの設定によって自動で最適な光量を調整してくれる場合があります。手動だと難しいので、ぜひTTLを活用することをおすすめします。

◎ストロボの向きで表現が変わる

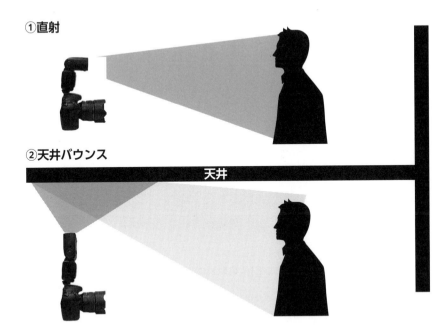

①直射

②天井バウンス

天井

①影が強く出てのっぺりする

②影が出ずに質感が良くなる

POINT

天井が高すぎるとバウンスできないので、何度か撮影して角度を調整しましょう。また、天井の色で跳ね返る光の色が変わるので色味も確認するようにしましょう。

記録写真と記憶写真

記録写真か記憶写真かを考える

　広報写真には2つの種類があります。「記録写真」と「記憶写真」です。**記録写真は、表敬訪問や状況、雰囲気を伝えるための写真で、誤りなく撮影することが重要**です。

　例えば、表敬訪問のときに、ぶれていたりピントが合っていないと問題です。また、大きなイベントがあったとき、どこに簡易トイレを設置してどこに看板を立てていたかという状況を残す写真に、ボケや躍動感は必要ありません。

テーマによって記録か記憶かが変わる

　一方、イベントに参加している人たちのワクワクしている表情をとらえるためには、**被写体をフォーカスし、背景をぼかして被写体の気持ちを表す「記憶写真」**をおさめます。

　多くの人たちが参加していると伝えたい場合は「記録写真」、参加している人たちの気持ちを表す場合は「記憶写真」です。撮影する目的、テーマによって撮り方が変わるのです。

　何も考えずに撮影するのではなく、目的やテーマをもって写真撮影をすることで、意味のある写真を撮ることができます。

◎ 記録写真と記憶写真

▌例：成人式での記録写真と記憶写真の違い

記録写真

◀看板を入れたり、表情よりもその場の雰囲気を伝える。背景をぼかすなどは必要なく、ピントや明るさなどに注意。F値は高めにし、確実な写真を撮影することを心がける。この日、このとき、ここにいたことを記録。

記憶写真

◀人物の表情、情景など印象に残る写真を撮影する。背景をぼかしたりシャッタースピードを変えたりと写真の技術を使って撮影する。ふとした表情など「一瞬」を捉えるようにする。

> **POINT**
>
> 記録写真は全体を写し、記憶写真は主役を決めて焦点を絞って撮影するのがポイントです。撮影時には、記録写真と記憶写真の両方を撮影するようにしましょう。

子どもと一緒に「あいうえお」

ハイチーズはNG　会話をしながら撮影する

　人物を撮影するときに大事なことは、コミュニケーションを取ることです。「ハイチーズ」ではありきたりな面白みのない写真しか撮れません。そこで、**会話をしながらシャッターを切る**と、自然な表情を演出できます。

　たあいのない世間話や「最近ハマっていることってありますか？」など質問をして会話をしながら撮影すると、相手はリラックスして自然な表情になってくれます。

あいうえおは元気を引き出す魔法の言葉

　大人は普通の会話が成り立ちますが、幼い子どもたちに「最近ハマっていることはありますか？」と聞くのはおかしなことです。

　大きな口を開けた元気のよい子どもの表情を撮影するコツがあります。それは「あいうえおを一緒に言ってみよう」と誘導する方法です。

　「せーの！あーいーうーえーおー」と一緒に言い、「あー」「いー」で連写します。すると**「あ」では元気のよい表情、「い」では歯が見える自然な表情**を撮ることができます。「う・え・お」は捨てて大丈夫です。

◎あいうえおは「あ」と「い」がチャンス

「あ」のときに撮影

◀口が開いている写真は元気いっぱいに見える。子どもが緊張しているときや、和ませたいときに「一緒にあいうえおを言ってみよう！」と恥ずかしがらずに誘導する。

「い」のときに撮影

◀集合写真などでは多くの人の表情を一度に柔らかくしなければならない。そのときにも「あいうえお」は使える。特に「い」のところでは歯が見えるのでにこやかな写真が撮れる。

POINT

自然な表情を捉えるには「コミュニケーション」が重要です。会話をしながらシャッターを切るようにして、相手の気持ちをリラックスさせるようにしましょう。

しくじり広報先生 ❼

マゼンタ 100% 事件

　今でこそ、カラーユニバーサルデザインや配色の重要性をよく分かって
いますが、広報担当になりたての頃、私は色に無頓着でした。

　私が広報課に異動したとき、広報紙はスミと「DIC」という特色の2色刷
でした。カラーガイドという色の見本帳のようなものから選び、当時の外
注業者さんに「DIC番号○○でお願いします」と指示していたのです。

　そのようにして、初めて作った号は緑、次は青、じゃあ今回は……と考
えたとき、「赤系を使っていないからピンクがいいよね」と課内で話して、
その方向で進めました。そして高齢者の方ならハッキリした色が良いだろ
うとなんの根拠もなく考えて、「マゼンタ100%」に近い特色を選択した
のです。実際、PDF上では違和感なく見えましたし、色校正で問題視さ
れることなく、発行しました。しかし、これがしくじり。

　私の広報人生で一番多くのお叱りを受けたのがこの事件。「目がチカチ
カして読めない」「色がきつくて見る気が起きない」などのご意見が、特
にご年配の方からたくさん寄せられました。当時の広報担当者は若い人が
多く、高齢者目線でのチェックが甘かったのです。それから、配色や色の
バランスについて学ぶようになりました。原色に近い赤系は、基本的には
使わない方がよいことをこのときに学んだのですが、意識するようになっ
たのは、目に優しい色、という観点で配色をすることです。また、青は冷
静になる効果があることを学び、自治体広報は住民に落ち着いて読んでほ
しいと考えて、フルカラーになった2012年6月号からは、一貫して広報
紙のメインカラーを「ターコイズブルー」（C=70、
M=0、Y=30、K=0）にしたのです。つまり、マ
ゼンタ100%のしくじりから、住民のことを想っ
た広報紙のメインカラーを誕生させることができ
たのでした。

8章

メディアに取り上げられる！

プレスリリースの作り方

意図を伝えよう

タイプ別にデザインを変える

とりあえずリリースするもの

　地元の記者クラブにプレスリリースを投げ込む場合は、文章だけでも自治体からのリリースだと分かります。特に取り上げてもらわなくても構わないけれど、とりあえず一応リリースしないといけない「大人の事情リリース」は、文章だけでも問題はありません。

　また、文章だけの場合は、「行政っぽさ」があり誠実性が感じられ、宣伝広告っぽさがあまりありません。ネガティブな内容は文章だけにしても問題ありません。

地元メディア以外には特にビジュアルを重視

　一方で、文字ばかりだったり、見出しやビジュアルに工夫をしていないと、記者さんの目に留まらずに、特ダネが埋もれてしまい、取り上げてもらえなくなってしまいます。

　メディアに取り上げてもらいたい場合は、ビジュアルを重視します。地元記者クラブに投げ込む以外に、PR TIMESなどのアーンドメディアを活用する場合もあります。それがきっかけで、地元の記者以外の目に触れて、ウェブニュースなどになる可能性もあります。

　用途によってリリースを使い分けてみましょう。

◎ プレスリリースのタイプ別デザインの違い

自治体をよく知っている記者向け

➡ 文章だけ

・行政文書っぽさ→誠実性

・宣伝広告っぽさがない

・地元メディア向け

自治体をよく知らない記者向け

➡ ビジュアルに工夫

・読まずに見てわかる

・一般の人も興味が持てる

・ウェブニュースっぽさがある

POINT

不祥事が起こった場合、見た目よりも迅速性が重要です。見た目を気にしている時間があったら、文章の内容をしっかりと精査します。フォントもかしこまったイメージの強い明朝体を使うのがおすすめです。

A4の上部に工夫をする

1つのリリースに数秒しか目を通さない

　記者クラブには、1日何十何百というリリースが来るので、記者は流し見しかしません。1つのリリースに目を通すのは数秒だけで、A4の上部にある「見出しやタイトル」「画像」「リード文」しか見ません。

　いくらギッチリ細かく情報を載せても、上部で興味をもたれなければプレスリリースを作った時間が水の泡になってしまいます。

　プレスリリースでは、関心を引く見出しやタイトル、目を引く画像が重要なのです。

見出しは客観的事実を載せる＆5W2H

　タイトルでは、「とっても」や「美味しい」など主観的な言葉はいれません。例えば「とっても美味しいリンゴを今年初収穫！」としても、リンゴが苦手な記者もいますし、美味しさの基準は人それぞれです。

　この場合は「今年初！リンゴ収穫」とするのが客観的でよいです。さらに「今年初のリンゴ収穫！〇月〇日に▲▲農園で実施」など具体的な内容を5W2H（※How mucn【数値】）を意識して作ることで、パッと見ただけでプレスリリースの内容を把握できます。

　具体的・客観的な視点でリリースを書く癖をつけましょう。

◎ プレスリリースのタイプ別デザインの違い

多忙な記者が目を通すのは上部だけです。ここでどれだけ関心をひけるかが重要なポイントです。また、記者は「初物」に目がありません。日本初・県内初・自治体初などのキーワードがあると食いついてくれます。

記者は記事にする「価値」があるかを見定めています。価値のある情報だと分かってもらうために、旬な話題やトレンドを合わせて盛り込むと取り上げてもらえる可能性が高まります。

POINT

記者が載せたいと思うプレスリリースを作るのではなく、「載せなければいけない」と思ってもらう工夫をしないと取材してくれません。社会的価値なども加えて「載せなければならない」と思える見出しやビジュアルを目指しましょう。

9つのPRフックを活用する

社会的価値・大義名分が大事

メディアに取り上げてもらうためには、記事にするだけの社会的価値と載せる大義名分があるかがポイントです。では、次の2つの見出しのうちどちらの方が興味を示すと思いますか。

①スナック菓子にさつまいも味が新登場しました！

②地元名産「さつまいも」で地域貢献。地産地消スナック菓子を開発

断然②です。地産地消や地域貢献など、社会的付加価値を付けると訴求力が変わります。では、どのように工夫をすればよいのでしょうか。

9つのPRフックを活用する

質の高いプレスリリースを作るには「9つのフック」（右ページの表参照）が重要です。この9つのフックのうち、どのフックなのかを考えます。この9つのフックに当てはまらない場合は、取り上げられない可能性が高いです。

前述したケースでは、「地元名産」「地域貢献」「地産地消」など、「4地域性」「6社会性／公益性」の2つのフックにかかっているから訴求力があがっていたのです。プレスリリースを作るときには、**9つのフックにかかる事案はないかを考えて、記者が興味を持つ内容に**しましょう。

◎ 9つのフックから内容や見出しを考える

	フック	メディアの視点	事例
1	**時流 / 季節性**	季節関連、時流やトレンドに絡める	人間ドックギフト券 ふるさと納税！母の日限定パッケージ 地域の桜の名所を VR で仮想体験
2	**画像 / 映像**	インパクトのある画像や映像を制作する	重い槍が実は「思いやり」だった 卒業式に黒板アートで描く
3	**逆説 / 対立**	定説とは真逆のことの提示や、対立構造にする	ダイエットするには炭水化物を取る 小さな町の大きな挑戦
4	**地域性**	具体的な県名や地域名を用いる	ストレスオフ県ランキング 1 位は鳥取 日本全国スカートの丈、最短は茨城
5	**話題性**	既に話題になっている事柄に乗っかる	TikTok で新採用職員募集 オンライン観光・オンライン修学旅行
6	**社会性 / 公益性**	公共性が高く、社会的な文脈を取り入れる	育児休暇取得率が 9 割に ウクライナへの支援を実施
7	**新規性 / 独自性**	初の試みやオンリーワン	日本初！DX で来ない書かない窓口 県内初！学校連絡網を LINE で実施
8	**最上級 / 希少性**	価値の度合いが明らかに判断できる	教育に〇億円投資し県内 1 の学力へ 1 粒 1 万円のイチゴが都内高級料理店に
9	**意外性**	「まさか」「もしや」を実現してしまう	ポテトチップスを第 4 の朝食に お寺監修、精進料理のカップ麺新発売

POINT

見出しを作るときに 9 つのフックを勘案して考えるようにします。「日本初！無人窓口を官民協働で DX 推進事業として実施」など 9 つのフックから考えて重ねていくと、魅力的な見出しを作りやすいので意識してみましょう。

A4を1枚で完結させる

A4で概要が分かるようにする

　伝えたいことがたくさんあり、あれもこれもと入れすぎた結果、ゴチャゴチャして何が言いたいのか分からないプレスリリースになってしまうことがあります。

　時間がない記者にリリースを読んでもらうには、概要を1枚にまとめます。**本文は必ず「5W2H＝いつ・どこで・誰が・何を・どのように・どれくらい・どうやって」を含ませる**ようにすることがポイントで、これらを端的にまとめるようにします。

細かな情報は添付資料として補足する

　概要では伝えられない詳細は、別紙を添付して補足します。1枚以上になる場合は、1枚目の最後に「詳細は別紙をご覧ください」など一言書いておきます。

　また、終了したイベントや事業の報告は「ニュース」ではなくなっているので取材されることはあまりありませんが、**「本リリースの内容に関連する写真や画像はご提供いたします」**と書いておけば、記事に空きが出たときに取り上げてくれる可能性があります。必ず「写真や画像がなければ提供する」旨を記載しておきましょう。

◎伝わるプレスリリースのデザイン

①発行者・発行日

②タイトル・見出し・リード文

③画像などメインビジュアル

④5W2Hで要点がまとまった本文

⑤問い合わせ先

関心を持たれなければ
本文まで読んでくれない！

POINT

FAXでプレスリリースを出すときは、必ずFAX送信表など鏡文を添えます。何枚送信したのかを明記することで、枚数が不足していないかの確認ができるためです。

リリースのタイミング

月曜日と金曜日はなるべく避ける

　記者クラブが自治体内にあるケースは多く、原則として記者の皆さんは平日にリリースを見ます。土曜日・日曜日が明けた週明けの月曜日は、休日明けでバタバタしているのは記者も同じです。ですから、月曜日は避けるのが無難です。

　また、金曜日は翌日が休日なので、担当者がいなければ問い合わせができません。そうなると、**せっかく関心をもってもらえても取材されない**ということにもなりかねません。

「火曜～木曜日」がねらい目

　上記の理由から、火曜日から木曜日がねらい目となります。また、リリースする時間は午前11時ごろと午後1時すぎがおすすめです。朝一番だと記者クラブにまだ来ていない可能性があるのと、お昼を食べてからくるかもしれないからです。

　一方で、あまり取り上げてもらいたくない場合は、金曜日の業務時間終了間際、月曜日の朝一番などにリリースをする方法もあります。ただし**ネガティブな話題は記者のネタになりやすい**ので、遅かれ早かれ取材に来られる可能性が高いことは留意しておきましょう。

◎ リリースのタイミング

曜日	時間	その他
月曜日	16：00 ごろ	記者は週明けで忙しい ひと段落着いたところで見てもらう ネガティブな内容は朝一でも可
火曜日 水曜日 木曜日	11:00 ごろ & 13:00 すぎ	お昼前後は記者が動き出す時間 メールや PR TIMES も同様 17:15 までに問い合わせがあっても対応できる ように時間的な余力を考えておく
金曜日	朝一番	情報が遅いと休日に入ってしまう 開催日が決まっているイベントなどは金曜日で も問題ない
土曜日 日曜日	原則配信しない	急を要する情報はプレスリリースではなく SNS とウェブサイトで情報公開をする

▲記者はウェブからも情報を取得している。SNSやウェブサイトで情報公開をすることも一つのプレスリリースの方法。「自分が記者だったら」という視点で内容に合わせて配信タイミングを考えるなど工夫をしよう。

POINT

開催日が決まっているイベントがあるときは、できるだけ早めにリリースを出しましょう。直前にリリースを出されても、記者の予定があったら取材に来てくれません。早め早めにリリースを出すと記者にとってもありがたいのです。

記者に顔を覚えてもらおう

結局「人と人」の関係が大事

イメージしてください。全く同じ内容のプレスリリースが、複数の自治体から来て、どうしても一つしか取り上げられないとしたら、何を基準に選択するでしょうか。記者も人間です。全く知らない自治体と、面識のある自治体だとしたら、後者を選ぶはずです。

どれだけメディアに取り上げてもらうかの最重要ポイントは、**「記者との信頼関係」**に尽きます。これは、筆者が広報を10年以上経験しているからこそ実感できることです。

記者クラブに出向いて顔を覚えてもらう

筆者は広報担当として、自庁に記者クラブがなく、3つのエリアの記者クラブにFAXを送っていましたが、「これは絶対に取り上げてもらいたい」と思うものは、直接記者クラブに出向いて手渡ししていました。不在の記者には、プレスリリースと一緒に名刺を置いて帰るなどしました。

とにかく広報担当になったら、**記者に顔と名前を覚えてもらうことが、メディアに取り上げてもらえる最善策**なのは間違いありません。雑談から記事になる場合もあるので、FAXやメールだけではなく定期的に記者クラブに出向きましょう。

◎ 信頼関係を得るために行いたいこと

名刺＋プレスリリースを対面で渡す

　年始と年度替わりで挨拶に来ることが多いので、このチャンスを逃さないように「これはぜひ取り上げてもらいたい」というプレスリリースを、手渡ししながら名刺も渡します。

業務以外の連絡先も伝えておく

　急な対応や事実確認をする場合があるので、個人の連絡先を記者に伝えます。記者からすると「何かあったときにすぐに問い合わせができる」ことは非常に重要です。有事のときに迅速な対応ができれば、記者との信頼関係を構築できます。

メール＆PR TIMESを活用する

　記者クラブに戻らない記者もいるので、スマホでプレスリリースが確認できるように、メールでPDFにしたプレスリリースを直接送り、PR TIMESのリリースURLをメールに貼り付けて詳細を伝えるなどの工夫をして、相手の知りたい情報を先回りして用意するのがベストです。

POINT

在職中、全国レベルで世間をにぎわすニュースがありましたが「佐久間さんの顔が浮かんで否定的な記事にできなかったよ」と口をそろえて地元の記者の皆さんが言ってくれました。信頼される広報担当になることは、まちを救うことになるかもしれません。

しくじり広報先生 ⑧

嘘のようなフォントの話

　私が広報担当になってから、広報紙が「読みにくい」「文字が小さい」というお叱りを受けることが多くありました。「これくらいなら読めるかな」という軽い気持ちと自分基準で、かなり小さなフォントサイズにした結果、「文字が小さくて読めない！」と多くの声をいただきました。これがしくじりです。「文字を小さくしても苦情はないだろう」と、たかをくくっていたのです。安易に文字を大きくしても、デザインレイアウトの幅が狭まってしまうのですが、ご意見も無視できないジレンマを抱える日々でした。

　一方、なぜ多くの自治体の広報紙は雑誌と比べて見劣りするのか考えると、デザインレイアウトも違いますが、一番目についたのが「フォント」の違いでした。そこで、愛読している雑誌のフォントサイズを「本文は○級、見出しは○級」など調べていきました。すると、おしゃれな雑誌は本文が小さい、余白を多く取っているなど傾向が分かったのです。

　やはり、文字が小さければ表現の幅が広がるのは間違いないと確信しました。しかし、自治体広報だから、そこまで文字を下げることは難しいという壁にもぶち当たりました。そのとき、出合ったのが「UDフォント」でした。文字のサイズを下げても可読性が高い、誤認しにくいなどの特長を知りました。そこで、「こんなフォントがあるんだ」「これを使えば、住民の苦情を減らすことができるのではないか」と考えたのです。

　そしていよいよ広報紙の内製化をするとき、AdobeのIndesignとモリサワパスポートを導入し、UDフォントを使用して紙面を作るようになりました。すると、文字のサイズは変わらないのに文字の小ささへの苦情が一切なくなったのです。私はフォントに救われました。数年後、モリサワに民間出向することになるのですが、当時はそんな予想は微塵もしませんでした。

9章

デジタルとウェブを活用！

ホームページ・SNS・
動画・広聴のポイント

「昔ながら」の形はNG!

ホームページは
スマホ前提でデザインする

■ スマホは横幅が狭く1行が短い

　スマホの普及により、自治体のホームページは、PCよりもスマホから見られるようになりました。PCは横幅が広く縦は短く、スマホは横幅が狭く縦に長いため、それに合ったページのデザインをしなければなりません。

　例えばPCは横幅が広いので、1行の文字数が多くても気にならなくても、スマホでは1行の文字数が少ないために行の折り返しが多くなります。すると、PCでは違和感のなかった文量でも、スマホでは縦に文字が多くなり、**文字ばかりの印象が強くなってしまいます**。

■ 離脱率を最小限にする工夫

　ページを開いて、文字ばかりだと見るのが面倒だと、読み手はそのページから離脱してしまいます。それを防ぐためのポイントは3つあります。

　1つ目は**関連する画像を使い、ビジュアルを大事にする**こと。2つ目は**アコーディオンバー**（情報を格納して＋などのボタンを押すと表示される手法）**を活用して表示される文字数を抑える**こと。3つ目は**100〜200文字程度で改行＋空白行で読みやすい見た目にする**ことです。情報量のあるものを、どれだけ少なく表示させるかがポイントです。

◎スマホの見え方を確認する

①

Google Chrome のブラウザで PC 上でスマホ画面を見ることができます。

① Google Chrome の右上にある「：」を選択

②その他ツール→デベロッパーツールを選択

③ でスマホと PC 画面を切り替えてページをリロード（更新）する

④で機種を選択する

これでスマホでの表示がどのようにされるか確認できます。

②

④ ③
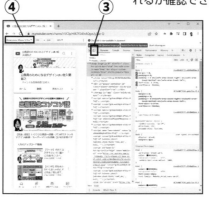

④

ここでスマホの表示を確認して実機と同じように動かすことができます。

POINT

ホームページのトップページにあるスライドバーも、スマホでの表示を意識し、正方形か縦長が主流になってきています。トップページに表示する内容もコンパクトになり、縦にスクロールをなるべくさせない工夫が求められています。

「脱・文章見出し」で「見」てもらおう

見出しは文章にしない

人が興味関心を示す時間は1秒足らず、また**一瞬で記憶できる文字数は9〜13文字程度**と言われています。例えばYahoo!のトップニュースの見出しも13文字以内です。

一方、自治体や行政のホームページで表示されるお知らせ一覧でよくあるのが、見出しが長い文章になってしまうケースです。例えば「新型コロナウイルスワクチン接種の接種予約を開始します」といったものです。

見出しは「見るもの」で読むものでない

見出しは読んで字のごとく「見る」ものであり、「読む」ものではありません。したがって、1秒で「見」られるために、1文字でも削る必要があります。p78で紹介している一覧を参考に不要な文字を削ります。

> × 新型コロナウイルスワクチン接種の接種予約を開始します
> ○ 【予約開始】コロナワクチン接種

上記のようにすれば、要点を絞って文字数を減らしながらも、伝わる内容は変わりません。これは広報担当だけではなく、全庁的に取り組むべき課題で、研修などをして浸透させるようにしましょう。

◎ホームページの見出しを作る3つのポイント

　いくら良い内容の事業や制度、試みでも、伝わらないと存在していないのと同じになってしまいます。つまり、見出しで関心を惹きつけて詳細ページで内容を見てもらわなければなりません。そこで、すぐに伝わる3つのポイントをご紹介します。

　①日程や要点、目を引く言葉を【】で囲う
　②不要な言葉は削る
　③見出しで「内容」が分かるように心掛ける

Befor

SDGs推進セミナー（1月30日)開催に関するご案内

社会課題の解決に繋がる創業支援プログラムエントリーを開始します！

After

【1月30日開催】SDGs推進セミナー

【最大100万円補助】創業支援プログラム申込開始

POINT

開催日や締切日が決まっているものについては、【】を使用しましょう。イベントの具体的な内容などはページ内に掲載します。またビックリマーク（！）を使いがちですが、主観的になり押しつけがましくなるので見出しで使うのは好ましくありません。

やることを目的化しない

なぜSNSを活用するのかを考える

　Twitter や Instagram、Facebook、YouTube など、様々な SNS メディアを活用する自治体が増えました。しかし、せっかく始めても、全く更新をしない、廃墟のような SNS アカウントも散見されます。また、投稿していても、ほとんど反応がないものも少なくありません。

　原因は、SNS を「やること」が目的になり、「SNS で現状の課題をどのように解決するのか」まで考えられていないためです。簡単に始められる SNS だからこそ、**組織として継続して運用できるか**が重要です。

無理にSNSをやる必要はない

　ただ流行りだから、利用者が多いからといって、無理に SNS をやるのではなく、なぜ運用するのかが重要です。

　例えば、LINE はセグメント別に情報を届けることができます。したがって、災害時や学校区ごとに情報を届けたいために運用する、というのは理にかなっています。

　また、今流行りだからと安易に TikTok を始めるのは危険ですが、例えば「若年層の投票率が低いから、10代が利用している TikTok を活用し、15秒くらいで期日前投票の告知動画を作ろう」とすれば、課題解決として意味のある運用になります。

◎各ツールのメリット・デメリット

　SNSの種類別メリット・デメリットを押さえましょう。人員や業務内容などを勘案した上で、継続して運用できるかを判断しましょう。

SNSツール	メリット	デメリット
LINE	全世代が利用している セグメント別に配信できる	ブロックされやすい 有料コンテンツがある
Facebook	中高年層が利用している 実名なので荒れにくい	利用者が固定化している 若年層の利用が低い
Twitter	即時性のある情報発信が可能 拡散力が強い	匿名なので荒れやすい 反応が薄いことが多い
Instagram	若年層の女性利用者が多い ブランディングに活用できる	写真のセンスが問われる 固い内容は不向き
YouTube	全世代の利用者が約90% 動き・音・字幕で伝えられる	動画の撮影・編集・公開に時間がかかる 再生数が伸びない
TikTok	10代の利用者が約60% 動画の編集が簡単	企画力が問われる 癖が強い

POINT

各ツールやSNSの運用方法などの詳細は、拙著『やさしくわかる！ 公務員のためのSNS活用の教科書』でご紹介しています。

3つの視点と
5秒ルールを押さえよう

全体・寄る・めちゃ寄る

　イベントや講演会などを動画撮影するときは、3つの視点で撮影しましょう。1つ目の視点としては全体を撮影し、会場の様子や雰囲気を撮ります。次に、イベント参加者など被写体に少し寄って、どんな表情で参加しているのかを捉えます。最後に「めちゃ寄り」で撮ります。例えば、工作をするイベントであれば、手元を撮影して、臨場感を演出します。

　この3つの要素を押さえておけば、プロモーション動画を撮影するときにも活用できるので、覚えておきましょう。

ワンシーンの録画は「5秒」程度にする

　動画を録画するとき、ワンシーンに長い時間をかけてしまうと、ファイルサイズが大きくなり、その後の管理に困ることがあります。また、後でシーンを確認しようとしたときに、全て目を通さないといけなくなり、無駄な時間となります。

　そこで、**ワンシーンの録画は5秒程度に抑えます**。ファイルサイズが小さくなり、サムネイルでどのシーンかすぐに分かります。

　3秒のカットが5つあれば、15秒のCM動画ができます。効率的に動画撮影をして編集するための工夫を押さえておきましょう。

◎動画編集が簡単にできるツール

　InstagramやTikTokのアプリには動画編集機能があり、動画を選ぶだけで簡単な動画を自動で作成してくれます。スマホで動画編集をする場合は、iPhoneは「iMovie」がおすすめです。また、iPhoneでもAndroidでもダウンロードできる「PowerDirector」も簡単に編集ができます。ただし、無償版では書き出した動画ファイルにクレジットが表記されるので、一度無償版で使ってみて、継続して使いたいと思ったときに、有償版に移行するとよいでしょう。

	おすすめアプリ	ポイント
スマホ	PowerDirector iMovie Instagram・TikTok	スマホは細かな字幕を入れるのは適していませんが、気軽に動画を作れます。
PC	PowerDirector VideoStudio Adobe Premiere Pro	細かな作業や凝った動画を作るには専門的なソフトは必須。

POINT

動画作成などをより詳しく学びたい方は、拙著『PowerPointからPR動画まで！　公務員の動画作成術』をご参考にしてみてください。

対象を分析し的確に届ける

データを活用した広聴広報

■ 3つのメディアを分析しデータ＝広聴に

　アクセス数や流入元、どのような検索ワードからウェブサイトに訪問したかがデータで分かる「アナリティクス」で分析し、住民の興味関心がどこにあるのかを紐解き、広聴として捉え、広報に役立てることができます。分析元となるのはp20-21で示した3つのメディアです。

　「オウンドメディア・アーンドメディア・ペイドメディア」の3つのメディアの効果を分析し、住民のニーズがどこにあるのかをデータから読み解くことで、広聴として活用することができます。

■ ペイドメディアを活用する

　Yahoo! JAPANの個人を特定しないビッグデータを活用し、地域・年齢・性別・属性など様々なセグメントごとにいつ何を検索したのか分析する**「DS.INSIGHT」を、広聴や観光、シティプロモーションに役立てることも**できます。例えば、SNSの発信時にキーワードやタグを入れて、検索されやすくできます。広島県庁では例えば、県でイチオシの「コイワシ」は「さばき方」「下処理」などとネットで検索されているとわかり、「荷作りテープ」を作ったさばき方を紹介しています。県民との双方向コミュニケーション（広聴広報）を行っています。

（参考）https://ds.yahoo.co.jp/case/hiroshima.html

◎ データを活用した広聴広報 （出典：ヤフー・データソリューション DS.INSIGHT）

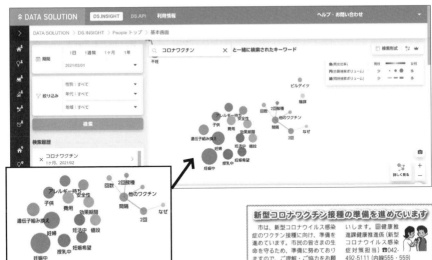

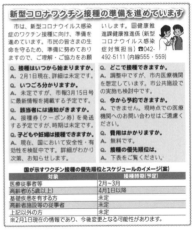

▲ ▶ Yahoo! JAPANで検索された統計データが分かる「DS.INSIGHT」を活用した広聴の例。「検索ワード＝住民の不安や疑問」として捉える。ワクチン接種開始前の2021年2月に「コロナワクチン」で検索されたワードを調べると、「妊娠中」「妊活中」「妊婦」などあまり表に出ないような声があった。これを「広聴」し、その不安をQ&Aにして広報に活用した（右：東京都清瀬市）。

> **POINT**
>
> 拙著『誰ひとり取り残さない 住民に伝わる自治体情報の届け方』では、デジタルとアナログを両立して全世代に情報を届けるための解説をしています。

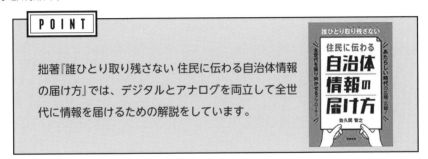

一石二鳥アンケート収集

広報クイズで住民の声を拾う

　住民の広報やまちの評価を知りたいとき、**広報クイズを行い、アンケートに答えることを条件にして抽選で特典（プレゼント）を送りつつ、広聴をする方法**があります。私が行っていた広報クイズでは、①裏表紙を活用する、②当選者へのプレゼントは地元のお店などから提供する、③商品の発送はせずに引換券を送る、④QRコードからウェブで応募できる、の４点を意図して実施していました。

広聴と公平性を保ち、まちのPRにも

　この広報クイズの狙いは４つあります。まず、手に取ったときに必ず目につくように、裏表紙にクイズ・アンケートを配置する。次に**地元のお店のPR**にします。公募なので「まちが紹介した店」でなく、広報クイズの企画の趣旨に賛同して申し込んだお店というスタンスになるので、公平性が保たれます。また、はがきを引換券として郵送し、お店に持参してもらい、景品と交換してもらいます。郵送費の節約になり、また、実際にお店に行かないといけないので、地元のお店を知るきっかけとなり、他の商品を購入してくれる可能性があります。気軽に応募ができるので、**多くの意見を聴取しましょう。**データなので、取りまとめにも便利です。

◎広報クイズのポイント

公平性を保つために、「公募」であることを必ず明記します（❶）。また、商品は引換券を持参してお店に受け取りに行く旨も記入しましょう（❷）。アンケートをとり住民の声を聞きます（❸）。QRコードで気軽に申込ができる工夫をするとよいでしょう。申込フォームは都道府県のシステムを使うのが安全です（❹）。

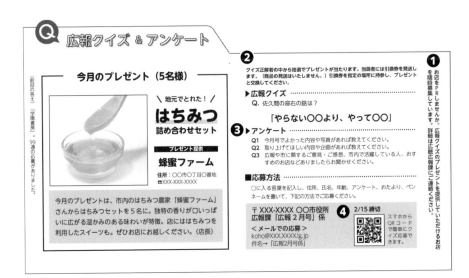

POINT

広報クイズのプレゼントに協力してもらうお店や企業が集まらない場合は、まちのPRグッズやノベルティグッズなどでも代わりになります。

「誰ひとり取り残さない」広報を

広報紙をデジタルで 多言語化&読み上げる

テキストデータを多言語化

　ウェブサイト上に広報紙をPDFで公開することは、今やほとんどの自治体がやっています。しかしそれに加えて、モリサワの「カタログポケット」などの民間のデジタルブックのアプリやブラウザから閲覧できるようにしている自治体もあります。さらに在住外国人や留学生のために、広報紙のテキストデータを自動翻訳し、**デジタルブックで多言語化している**場合も少なくありません。在住外国人の新型コロナワクチン接種率が低い要因は、行政や自治体からの情報の分かりにくさでした。広報DXで解消する必要があります。

読み上げで弱視の人への配慮&利便性向上

　また、視覚障害者の人への配慮も必要です。この対策として、専用のツールを活用して、広報紙の**テキストデータを自動音声化する**方法があります。読み上げる機能は、健常者にとっても、有効です。例えば、移動中や車の運転中に「広報紙を聞く」ということもできます。これは、ユニバーサルデザインの一つとも言えます。

　朗読ボランティアなどで、声の広報を委託する自治体は少なくなくありません。しかしこれからは、自動音声に置き換えがきくようになります。業務委託費の削減になる可能性があるので、留意しておきましょう。

◎ デジタルで多言語化＆読み上げ

　以下はペイドメディアのカタログポケットを活用した新型コロナワクチン接種臨時号です。PDFデータがあれば自動翻訳と自動音声を抽出することができます。

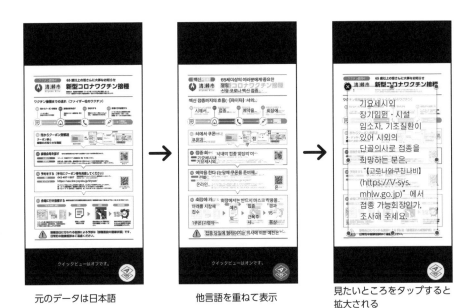

元のデータは日本語　　　　　他言語を重ねて表示　　　　　見たいところをタップすると拡大される

　どこをタップしたのか、DL数などの読者の閲覧データやログ解析ができるので、広聴としても有効的に使えます。

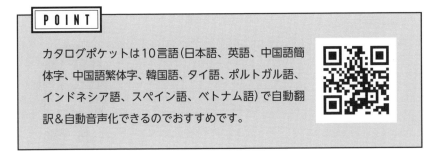

POINT

カタログポケットは10言語（日本語、英語、中国語簡体字、中国語繁体字、韓国語、タイ語、ポルトガル語、インドネシア語、スペイン語、ベトナム語）で自動翻訳＆自動音声化できるのでおすすめです。

しくじり広報先生 ⑨
税務と介護、
窓口の経験がなかったら…

　今でも思います。もし、住民の皆さんと直接コミュニケーションを取る税務課などで、窓口や電話対応の経験がなかったら。果たして、評価していただける広報紙を作ったり、情報発信したりすることができたのかと。

　公務員界隈では、広報やシティプロモーション、政策や企画財政系の部署は、役所の中でも花形と見られる傾向があります。住民に怒鳴られ、理不尽な要求をされることが毎日続く窓口などの担当課に比べ、広報など上記の担当課は、住民から直接お叱りを受けることもそれほどありません。

　もし、広報しか経験していなければ、なぜ窓口対応をする課はすぐに動かないんだなどと安易に思っていたかもしれません。しかし、本当は動きたくても1回の電話で1時間以上対応したり、窓口に来た人がずっと帰ってくれないので業務が滞ってしまったりするのはよくあることです。経験者であれば、無理難題を言ったり、非難したりすることはできません。でも、経験していないと、「○○課は仕事が遅い」「○○課は非協力的だ」という思考に、自然となってしまいがちです。私がしくじった話ではありませんが、「しくじる可能性があるから注意」をしてほしいのです。

　一方で広報課も、住民の相手をせずに取材で外に出られるから羨ましい、ずるいと窓口職員などから思われている可能性もあります。

　相手に寄り添って工夫し、情報を伝わるようにすることが、広報の重要なポイントだと本書で何度もお伝えしています。これは、住民だけはなく、内部の職員に対しても同じなのです。

●著者紹介

佐久間 智之 （さくま ともゆき）

1976年生まれ。東京都板橋区出身。埼玉県三芳町で公務員を18年務める。税務課（固定資産税）、健康増進課（介護保険）を経て広報室へ。独学で広報やデザイン・写真・映像などを学び、全国広報コンクールで内閣総理大臣賞を受賞し自治体広報日本一に導く。2020年2月に退職しPRDESIGN JAPAN㈱を立ち上げる。現在は総務省 地域力創造アドバイザーや自治体広報アドバイザー、早稲田マニフェスト研究所招聘研究員、PR TIMESエバンジェリストなどを務める。地方公務員アワード2019受賞。Juice=Juice 金澤朋子写真集『いいね三芳町』のフォトグラファー。著書に『Officeで簡単！公務員の一枚デザイン術』『PowerPointからPR動画まで！公務員の動画作成術』（学陽書房）など多数。

■広報アドバイザー・広報基本方針策定・業務マニュアル支援など（2024年6月現在）

福岡県庁・宮城県庁・神奈川県庁・北海道函館市・北海道標茶町・福井県福井市・栃木県小山市・埼玉県北本市・千葉県柏市・東京都台東区・東京都北区・東京都清瀬市・東京都中野区・神奈川県横浜市・神奈川県茅ヶ崎市・岐阜県垂井町・三重県伊勢市・兵庫県小野市・和歌山県紀の川市・徳島県鳴門市・高知県高知市・高知県四万十町・長崎県諫早市・福岡県八女市・福岡県行橋市・沖縄県那覇市ほか

■Twitter
https://twitter.com/sakuma_tomoyuki
ID:@sakuma_tomoyuki

■Instagram
https://www.instagram.com/sakuma_tomoyuki

■Facebook
https://www.facebook.com/tomoyuki.sakuma.3

■YouTube
https://bit.ly/3FcbZlI

■研修・講師などのお問い合わせ
https://prdesign-japan.co.jp/service/
t.sakuma1976@gmail.com

●ダウンロード特典について

特典テンプレートのダウンロード方法と利用上の注意点
■ダウンロードできる特典
広報掲載依頼様式……p.53
広報紙の台割……p.63
広報紙のスケジュール表……p.63
以上、3種のテンプレートをダウンロードできます。

■ダウンロード方法
①学陽書房ホームページ内の、本書の個別ページにアクセスする
　　本書個別ページのアドレス
　　http://www.gakuyo.co.jp/book/b609149.html
　　※学陽書房トップページのキーワード検索に「15139」と入力するとアクセスできます。
②ダウンロードしたいテンプレートをクリック

■利用上の注意点
　本書掲載の文例等は、実務上参考となるであろう例として紹介したものです。実際の利用の際には、実情に応じて適宜修正等を加えてください。
　また、本書掲載の文例等の利用に関して、著者及び発行者は責任を負いかねます。
　本書はWindows10およびExcel2019に対応しています。なお、ご利用のOSのバージョン・種類やOfficeソフトによっては、操作方法や表示画面などが異なる場合がございます。以上をあらかじめご了承の上、ご利用ください。

公務員のための広報の教科書

2022 年 8 月 24 日　初版発行
2024 年 7 月 5 日　 3 刷発行

著　者　佐久間智之
発行者　佐久間重嘉
発行所　学陽書房
　　　　〒 102-0072　東京都千代田区飯田橋 1-9-3
　　　　営業部／電話　03-3261-1111　FAX　03-5211-3300
　　　　編集部／電話　03-3261-1112
　　　　http://www.gakuyo.co.jp/

ブックデザイン／スタジオダンク　イラスト協力／みずしな孝之
印刷／精文堂印刷　製本／東京美術紙工

UD FONT by MORISAWA　本書の本文は、見やすいユニバーサルデザインフォントを採用しています。